Andrea Lindau
mit Veit Lindau

QUEEN IS RISING
(R)Evolution einer neuen Weiblichkeit

Andrea Lindau

mit Veit Lindau

QUEEN IS RISING

(R)EVOLUTION EINER NEUEN WEIBLICHKEIT

Widmung

Für meine Tochter Leona und alle Töchter dieser Erde.
Für unsere Mütter.
Für dich, Frau*, für alle unsere Schwestern.
Wir sind das Blut und das Mark der Menschheit.
Wir sind das Rückgrat, die Säulen der Gemeinschaft.
Wir gebären die Zukunft und bringen die Heilung.

Inhalt

PROLOG

Ich liebe Frauen*. Frauen* sind meine große Liebe, meine Heimat. Ich bin selbst durch und durch eine Frau* und liebe das. Frauen* berühren, nähren und faszinieren. Ich möchte uns mit diesem Buch feiern und gleichzeitig dich und mich einladen, uns selbst noch viel tiefer zu verstehen. Lass uns auf eine zeitgemäße Weise Licht in Form von noch mehr Bewusstsein in unser Mysterium bringen. Lass uns unsere Schätze, unsere Schönheit und unsere Aufgabe noch klarer erkennen und mit der Welt teilen.

> *Wir gebären Leben.*
> *Wir sind die Hüterinnen der Liebe,*
> *des Seins, der Gegenwart.*
> *Wir teilen seit Anbeginn aller Zeiten völlig*
> *selbstverständlich alles, was wir sind, mit anderen.*

Doch wir dürfen und müssen dies noch viel bewusster reflektieren, um uns zu unserer vollen Stärke zu erheben. Erst wenn sich liebender Eros mit erkennendem Logos in uns verbindet, entfaltet sich unsere wahre Kraft.[1] Und die wird gebraucht. Jetzt. Mehr denn je.

Die Erde, unsere Systeme, Familien und Kinder rufen nach Frauen*, die …

- … wissen, wer sie sind,
- … ihre natürliche Superpower – Lebensintelligenz, Schönheit, Lieben, Teilen – demütig und selbstbewusst anerkennen,
- … verstehen, wie sie Beziehungen in Heilungsfelder verwandeln können,
- … auch das Schwert ziehen können, um rote Linien gesunder Grenzen zu ziehen,
- … als Botschafterinnen der Erde ihrer Zerstörung Einhalt gebieten und ihr geben, was sie braucht,
- … fühlen, dass alle Kinder dieser Erde uns alle angehen,

o ... sich für wahre Sisterhood einsetzen und zeitgemäße Familienstrukturen aufbauen, die dem Erblühen aller dienen,

o ... die so heilsame Ekstase erforschen und ihr Möglichkeit geben, sich überall im Alltag zu manifestieren,

o ... die Einheit allen Lebens sehen und sie bodenständig und praktisch würdigen, ohne in einem falsch verstandenen »spirituellen« Einheitsbrei zu versinken, und

o ... den Ruf verspüren, jetzt mit Passion und Weisheit in Führung zu gehen.

Liebe Frau*, ich möchte, dass du von mir weißt, dass ich keine typische Ratgeberautorin und auch keine feministische Expertin bin. Ich bin eine natürliche Liebende, eine Vollblutmutter und eine erfolgreiche Geschäftsfrau mit Herz, die sich gerufen fühlt, sich in die Geburtsprozesse unserer Zeit noch stärker einzubringen. Wir können nicht mehr auf »die da oben« oder ein Wunder warten. Jetzt sind wir dran – du und ich.

Dieses Buch basiert auf dem gleichnamigen Onlinekurs »Queen is rising«, an dem mittlerweile fast 5000 Frauen* teilgenommen haben. Ich verstehe beides – Buch und Kurs – als eine Einladung an Frauen*, zusammenzukommen und über wichtige Themen nachzudenken. Nimm bitte nichts von dem, was ich schreibe, als *die* Wahrheit. Ich liebe es, dir und mir gute Fragen zu stellen. Ich teile gern meine Erfahrungen mit dir. Dabei stelle ich meine Sichtweise als eine Gesprächsgrundlage in den Raum. Als eine Möglichkeit für dich, dich davon berühren zu lassen, dich daran zu reiben und deine Position zu klären. Ich glaube genauso wenig an *die* eine richtige Antwort wie an *die* perfekte Frau*. Wir leben in einer Phase des großen Umbruchs. Die alten Paradigmen zerbrechen. Dem Leben sei Dank. Und jetzt müssen wir endlich unsere eigene, wache, selbstbestimmte Wahrheit gebären und großziehen.

Ich ringe selbst um diese Wahrheit, jeden einzelnen Tag. Vor allem stelle ich mich der Herausforderung, das, was ich weiß, in konkretes

Leben umzusetzen. Mich davon verändern zu lassen. Beziehungen und Business neu zu gestalten. Ich schreibe dir als eine Schwester, die mit dir gemeinsam an der Startlinie dieses nächsten, so unbekannten und dringend notwendigen Kapitels von Frausein und Menschheit steht. Ich möchte mit diesem Buch unser Bewusstsein in Gärung bringen.

Meine Passion ist es, alle Menschen, aber besonders Frauen* zu ermutigen, an sich zu glauben und sich einzubringen, egal, wie alt sie sind. Bitte lass dich berühren, vielleicht auch an manchen Stellen provozieren. Manche Fragen mögen wehtun. Bleib im Feuer stehen. Sei ehrlich mit dir. Nutze dieses Buch, um in deinem Geist klar zu formulieren, was du brauchst, um glücklich zu sein. Denn eines weiß ich ganz genau: Wenn du deine nonverbale Weisheit und deine vitale Urkraft mit klaren, geistigen Visionen verbindest, bist du nicht aufhaltbar.

Ich möchte ehrlich mit dir sein. Dieses Buch zu schreiben, ist eine der größten Herausforderungen meines Lebens. Ich bin 54 Jahre alt. Ich weiß, wer ich bin. Ich habe eine wunderbare Tochter großgezogen und wirke als eine erfolgreiche Geschäftsfrau. Ich liebe mich und in meinen alltäglichen Beziehungen bin ich alles andere als schüchtern. Ich sage, was ich denke, und setze mich leidenschaftlich für das ein, was ich für wesentlich erachte. Aber aus verschiedenen Gründen, die in meiner Kindheit, aber auch im Erbe des Patriarchats liegen, bereitet es mir eine abgrundtiefe Angst, über einen Vortrag auf der Bühne oder dieses Buch meine Stimme zu erheben und sichtbar zu sein. Wenn ich dir jetzt gegenübersitzen würde, wäre ich keinesfalls auf den Mund gefallen. Glaub mir, wir hätten eine Menge Spaß. Doch ich übertreibe nicht, wenn ich dir gestehe, dass die größeren Bühnen Todesangst in mir auslösen. Der auslösende Gedanke ist: »Ich kann das nicht.« Die Furcht ist nicht rational, sie kommt tief aus meinem limbischen System.

Vielleicht fragst du dich nun: »Warum tust du es dir dann an, Andrea?« Diese Frage habe ich mir auch schon oft gestellt. Ich komme jedes Mal zu dem gleichen Schluss: Weil ich weiß, wie vielen Frauen* es überall auf der Welt ähnlich geht. Wir wurden in unserem Selbstvertrauen erschüttert und domestiziert. Ich kenne so viele Frauen*, die um ihre Sprache und ihren Ausdruck ringen. Obwohl sie wandelnde Speicher an Power, Wildheit und Weisheit sind, zweifeln sie an sich und fürchten die Konsequenzen der Sichtbarkeit. Ich achte und liebe Männer*. Zumindest viele, die ich kenne. Aber wir haben die Bühnen und Gremien unserer Gesellschaften zu lange ihnen überlassen. Wir müssen unsere Stimmen erheben. Deshalb stelle ich mich meiner Angst und schreibe dieses Buch. Wenn es nichts weiter macht, als dich zu ermutigen, sichtbarer und wirksamer zu werden, hat es sein Anliegen erfüllt. Ich kenne dich wahrscheinlich noch nicht, doch ich bin mir sicher, dass du deine Stimme noch nicht laut genug erhebst. Bitte nimm meine Einladung an. Finde deine Wahrheit und teile sie in Worten und Taten mit uns allen. Lass sie in Posts, Vorträge, Gespräche und Bücher einfließen. Wenn ich von »Bühne« schreibe, meine ich dies als Metapher. Alles ist deine Bühne – der Frühstückstisch mit deiner Familie, das Arbeitsmeeting, dein Account in den sozialen Medien.

Du hast etwas zu sagen, denn du bist ein Genie. Du bist so unermesslich stark, tief, komplex und schön. Du bist wichtig.

Frauen*, für uns schreibe ich. Und bitte wisse, ich meine *dich*. Jetzt ist unsere Zeit. Wir haben es bis zum Äußersten ausgereizt. Die Natur kippt. Der Mensch sieht sich selbst erschaffenen Krisen gegenüber, für die wir auf der bisherigen Stufe unserer persönlichen und kollektiven Reife keine Lösung haben. So viel Leid ist durch unser aller Ignoranz entstanden und durch das massive Ungleichgewicht des Patriarchats. Worauf warten wir? Lass uns jetzt kommen, Frau*.

Now is our time.
SHE time.

Frauen* und ihr Stern

Der Stern hinter dem Wort Frauen* steht für die Vielfalt und das Spektrum im Weiblichen. Das schließt auch Menschen ein, die in einem Körper leben, der nicht weiblich gelesen wird, die sich aber dennoch zum Weiblichen hingezogen fühlen. Ich setze weiblich nicht mit Frau* gleich, sondern verstehe darunter ganz bestimmte Qualitäten, die heutzutage viel zu kurz kommen und in jedem von uns gefördert werden können.

Der Mann* an meiner Seite

Sicher ist dir aufgefallen, dass auf dem Buchcover nicht nur mein Name steht, sondern auch der meines Mannes*. Das bedarf natürlich einer Erklärung. Für die, die mich noch nicht kennen: Ich lebe, liebe, arbeite und forsche seit 28 Jahren gemeinsam mit Veit. Wir sind beide grundverschieden, jede*r für sich sehr stark. Gleichzeitig begreifen wir uns auch als ein starkes WIR, ein System. In einer gewissen Weise entspringt alles, was unsere Arbeit in dieser Zeit hervorgebracht hat – unsere Plattform homodea, die vielen Seminare und Trainings, die »ichliebedich«-Stiftung und die Bücher –, auch der intensiven, mittlerweile sehr co-creativen Reibung unserer Beziehung. Deshalb stehen wir so auf lebendige Beziehungen und fördern sie, wo wir können.

Als wir beschlossen, *Queen is rising* und das Geschwisterbuch *King is back* zu schreiben, entschieden wir uns bewusst für die direkte Dialogansprache, denn wir möchten die Atmosphäre eines intensiven Gespräches erschaffen. Das heißt, in *Queen is rising* werde ich mich in jedem der Kapitel direkt an dich wenden und in *King is back* schreibt Veit den Männern*.

Dennoch ist es mir sehr wichtig, hier am Anfang Veits Rolle in diesem Buch zu erwähnen und tief anzuerkennen. Es gibt ja das viel zitierte Sprichwort »Hinter jedem erfolgreichen Mann* steht eine starke Frau*«. Nun, in dem Fall ist es definitiv andersherum. Die gesamte Trilogie *Genesis*[2], *Queen is rising* und *King is back*[3] wurde durch einen Traum von Veit initiiert, den er ausführlich in *Genesis* beschreibt. *Genesis* ist so etwas wie das geistige Fundament für die beiden anderen Werke. Veit war es auch, der mich energisch ermutigt hat, mich und meine Lebenserfahrung überhaupt in ein Buch zu packen. Wer mich kennt, weiß, dass ich keine Ratgeberautorin bin. Ich schreibe zwei Sätze zu einem Thema und dann ist für mich alles gesagt. Das funktioniert gut im Dialog, wenn die Augen und die Energie mit im Spiel sind. Hier braucht es natürlich mehr, um dir die zwölf Themen, die mir so wichtig sind, in ihrer Gänze zu übermitteln. Veit half mir in vielen fruchtbaren, tiefen Gesprächen dabei, das, was ich oft eher fühle, in Worte zu fassen. Er war in diesem gesamten Prozess – wie eine männliche Hebamme – geduldig an meiner Seite, wenn ich damit rang, mein intuitives Wissen und meine Lebenserfahrung in geschriebenen Sätzen einzufangen. Ich habe unschätzbar von seiner Erfahrung als Autor von mittlerweile 26 Büchern profitiert. So sind die Texte dieses Buches unser gemeinsames Werk. Auch wenn ich es bin, die dich zum Gespräch einlädt, möchte ich, dass du weißt, dass in diesen Texten auch sehr viel Liebe und Logos eines Mannes* lebt, der uns Frauen* zutiefst achtet und sich wünscht, dass wir uns voll entfalten.

Wie du mit dem Buch am besten arbeiten kannst

Wie bereits erwähnt, ist *Queen is rising* stark durch das Buch: *Genesis. Die Befreiung der Geschlechter* inspiriert. Es ist nicht zwingend notwendig, aber ich empfehle dir, vorher oder parallel *Genesis* zu lesen. Es vermittelt dir ein tieferes Verständnis für diese besondere Umbruchszeit und die Philosophie unserer gesamten Arbeit. Als Veit *Genesis* schrieb, waren wir uns beide einig, dass es danach sowohl ein praktisches Workbook für Männer*, *King is back*, geben muss als auch eines für Frauen*. Wenn du mit einem Mann* zusammenlebst, ist es sicher fruchtbar, wenn ihr die beiden Bücher parallel lest und euch austauscht.

Queen is rising besteht aus zwei Ebenen. Am Anfang eines jeden Kapitels teile ich eine von zwölf Perspektiven auf Weiblichkeit mit dir. Vielleicht ist aktuell nicht jedes der Themen für dich bedeutsam. Dennoch lade ich dich ein, alle zu lesen. Unter Umständen erlebst du ja eine Überraschung. Ich bin mir bewusst, dass man zu jedem der zwölf Kapitel ein eigenes Buch schreiben könnte. Deshalb steht dir ein umfangreicher Downloadbereich unter go.homodea.com/queen (tatsächlich *ohne* »www.« am Anfang) zur Verfügung, in dem du vertiefende Videovorträge und auf die Themen abgestimmte Meditationen vorfindest. Besonders Letztere aktivieren dein Unterbewusstsein und ermöglichen dir so wesentlich tiefere Erkenntnisse. Jedes Kapitel wird durch Reflexionsfragen, Übungen und Anregungen abgerundet, die dich zur Umsetzung deiner Erkenntnisse einladen. Ich lege dir sehr ans Herz, dir die Zeit zu nehmen und diesen Arbeitsteil schriftlich auszufüllen. Die Wahrscheinlichkeit, einen Vorsatz tatsächlich umzusetzen, steigt zudem signifikant, wenn wir uns anderen gegenüber dazu verpflichten.

Wie bereits erwähnt, existieren zu den Themen dieses Buches ein gleichnamiger Onlinekurs und ein Netzwerk von tollen Frauen* auf dem Weg. Wenn du Lust auf mehr Sisterhood hast, komm vorbei. Tausch dich mit den anderen Frauen*aus. Vielleicht schließt du dich sogar einer der Gruppen an, die online und an vielen Orten auch persönlich stattfinden. Du findest genaue Details dazu im Anhang (s. Seite 204).

Wenn du mich näher kennenlernen willst

In diesem Buch stehst du im Mittelpunkt. Doch da ich dich in den folgenden Kapiteln sehr direkt und persönlich ansprechen werde, möchte ich mich kurz vorstellen. Ich bin in diesem Jahr 54 Jahre alt geworden. Meine Wurzeln sind väterlicherseits deutsch, mütterlicherseits georgisch. Meine Kindheit war problematisch. Mein Vater war ein Alkoholiker und hat mich leider früh gelehrt, mich nicht auf

Männer* zu verlassen. Meine Mutter hatte mehr mit sich zu tun und gab mir keinen wirklichen Halt. Was mich emotional und seelisch überleben ließ, war eine immense Lust am Leben und ein unerschütterlicher Glaube an die Kraft der Liebe. Ich erwähne dies nicht aus Selbstmitleid. Ich bin extrem dankbar für mein Leben. Doch meine Geschichte erklärt, warum ich früh lernte, mich in der Tiefe nur auf mich zu verlassen und meine Verletzungen durch Stärke zu schützen.

Mit 22 Jahren gebar ich Leona, meine Tochter, Schwester und mittlerweile auch Lehrerin für die Botschaften ihrer Generation. Ich zog sie die ersten drei Jahre im Verbund mit anderen Frauen* und deren Kinder auf. Seitdem brenne ich für Sisterhood, weil ich erfahren habe, dass sie uns Frauen* vor der Falle der Einzelanstrengung und Isolation bewahren kann.

Seit nunmehr 28 Jahren lebe, liebe und arbeite ich mit einem Mann* zusammen – Veit. Auch er trug sein Paket aus der Vergangenheit bei sich. Unsere Beziehung startete leidenschaftlich und co-abhängig. Wir haben uns so gut wie jeden möglichen Höhepunkt und jedes tiefe Tal gegeben. Ekstatische Romantik, eingeschlafene Ödnis, Verrat, Versöhnung, Erwachen und Heilung – alles war dabei. Mittlerweile genießen wir eine starke, lebendige Beziehung, die uns heilt, fördert und dehnt und aus der viele wunderbare Projekte auch für andere Menschen hervorgegangen sind.

Ich bin Liebende, Geliebte, Mutter, Geschäftsfrau und tief in meiner Seele Mystikerin, weil mich das Leben immer wieder in Ehrfurcht staunen lässt. Frauen* haben einen besonderen Platz in meinem Leben. Ich liebe sie aus voller Seele. Ich sehe eine Frau* und ich kann sie fühlen. Ich fühle ihre Stärke und ich fühle ihre tiefe Verwundbarkeit. Du und ich, wir sind aus einem Stoff und wir sind für eines gemacht – für die Liebe. Ich freue mich sehr, dass wir uns begegnet sind.

Wenn du mich gern noch näher kennenlernen möchtest, findest du im Downloadbereich go.homodea.com/queen ein Interview mit mir. Außerdem finden auf www.homodea.com regelmäßig Onlineabende mit mir statt, bei denen ich sehr gern auf Fragen eingehe.

Dich selbst erkennen

 These: Wir Frauen* haben den Bezug zu unserer wahren Kraft verloren. Die Gründe mögen vielfältig sein, doch was uns eint, ist dieser Verlust unserer Quelle. Das Ende des Patriarchats braucht jetzt Frauen*, die sich selbst erkennen und nach vorne schauen. Dafür kann es sehr hilfreich sein, die Welt, auf die wir uns die ganze Zeit konzentriert haben, immer wieder loszulassen, um nach innen zu schauen und uns erneut mit der Quelle zu verbinden.

Vielleicht fragst du dich: *Warum ist es überhaupt nötig, dass Bücher wie dieses geschrieben werden? Warum sollten wir Frauen* uns überhaupt intensiver mit uns selbst beschäftigen?* Die Antwort lautet: Weil du deine Stärken nur dann, wenn du sie voll erkennst, in diese heiße Zeit der Menschheit einbringen kannst.

Ich glaube, dass viele Frauen* einen fetten Blindspot haben, wenn es um sie selbst geht. Wir sind Meisterinnen darin, die Gefühle unserer Kinder und Liebsten zu lesen und deren Bedürfnisse zu erfüllen. Wir haben Tausende von Jahren völlig selbstverständlich und enorm tapfer in den Rollen gedient, die uns zugewiesen wurden. Das will ich gar nicht schlechtmachen. Ich möchte das mit dir feiern! Doch wir können hier nicht stehen bleiben. Wie in *Genesis* ausführlich beschrieben, wurden wir alle durch das Patriarchat und männlich dominierte Religionen strukturell regelrecht domestiziert und von unseren tiefsten Kraftquellen getrennt. Wir haben es zugelassen, dass wir auf sehr begrenzte Klischees von Frauen*, von Weiblichkeit reduziert wurden. Nicht nur Männer*, sondern vor allem wir selbst halten uns in einer viel zu kleinen und zahmen Vorstellung von uns selbst gefangen.

Doch in Wahrheit sind wir so viel mehr.
So viel komplexer, weiser und schöner.

Ich behaupte, dass du und ich derzeit noch gar nicht wissen können, was alles in uns steckt, weil wir hier in uns viel zu selten gesucht haben. Wir haben die Welt bedient. Wir haben unsere Rollen bedient. Ja, das Verrückte ist, dass wir selbst angefangen haben, diese geistigen Gefängnisse zu verteidigen und an unsere Töchter weiterzugeben. Wir sind Titaninnen, die sich wie kleine bedürftige, unsichere, kokettierende Mädchen fühlen, die so denken und so handeln. Wir gehen zu Yoga- und Selbstverwirklichungsworkshops, um uns ein bisschen besser zu fühlen. Doch so schön sich das anfühlen mag, es reicht nicht mehr, denn unsere Erde brennt. Sie verbrennt Menschen in einem monströsen Leistungshamsterrad, Kinder in Schulen, die nicht einmal annähernd dem kindlichen Potenzial gerecht werden, unsere Lust in nicht wirklich lebendigen Beziehungen, die Hoffnung von vielen Millionen entwurzelten Menschen auf der Flucht und die Ressourcen unseres Heimatplaneten. Wir können uns ewig damit aufhalten, darüber zu diskutieren, wer daran schuld ist. Oder wir schauen in den Spiegel und fragen uns:

Ist dies meine Zeit?
Kann ich den Unterschied bewirken?
Was erkenne ich noch nicht an mir, das jetzt dringend gebraucht wird?
*Wo halte ich mich noch zurück, weil ich Angst vor
der Wahrheit und meiner Größe habe?*

Wir Frauen* sind extrem gut darin, heute und hier zu dienen, heute und hier Feuer zu löschen. Doch das reicht nicht mehr. Wir müssen uns erheben. Wir müssen die Fesseln dieser antrainierten Regeln abstreifen. Wir müssen uns neu entdecken. Und da wartet so viel in uns auf uns.

Wenn dich dieses Buch gefunden hat, ist es kein Zufall. Lies es nicht nur neugierig. Lies es als persönlichen Wake-up-Call, um zu erkennen, was in dir steckt. Ich bin mir sicher, dass du ganz genau spürst, wenn Leben aus dem Lot geraten ist. Bist du bereit, diesem Instinkt zu vertrauen? Jener leisen oder lauten Stimme, die sich manchmal als Traurigkeit, dann wieder als Wut oder als Sehnsucht offenbart? Wir Frauen* projizieren meist nach außen und sagen:

>*»Wenn wir doch einen Seelenpartner hätten ...«*
>*»Wenn unser Liebster doch so und so wäre ...«*
>*»Wenn wir ein gerechteres Wirtschaftssystem hätten ...«*
>*»Wenn das Patriarchat doch schon abgeschafft wäre ...«*

Ich frage dich: Warum glauben viele von uns so wenig daran, selbst die Lösung zu sein? Wir sind nicht zu klein. Wir sind auch nicht zu wenige. Damit dieses Buch voll greift, bitte ich dich, ein bedeutsames Opfer zu bringen. Ich bitte dich, einmal am Tag die Welt im Außen komplett loszulassen und Zeit nur mit dir zu verbringen. Keine Kinder, kein Mann*, keine Freundin, keine Arbeit. Nur du, mit dir selbst. Auch kein Buch, keine sozialen Medien. Nur du. Bist du dazu bereit? Der Hintergrund meiner Bitte:

>*Alles, was du suchst,*
>*trägst du in dir.*

Alles, was du wissen musst, wartet in dir. Dieses Universum funktioniert holografisch.[4] Das bedeutet unter anderem, dass du das gesamte Universum in dir trägst. Um es zu entdecken, musst du auf Entzug gehen. Du musst die Welt, um die du dich stetig kümmerst, sich selbst überlassen. Ich weiß, wovon ich spreche. Ich bin eine tapfere, ausdauernde, fleißige Frau*. Ich weiß, was ich geben und aushalten kann. Für meine Liebsten würde ich, ohne zu zögern, alles geben. Für unsere Company bin ich selbstverständlich stets verfügbar. Wenn jemand Hilfe braucht, bin ich da. Doch weißt du, was mich mehr als alles andere herausfordert? Für mich zu sein. Dies ist nach all den Jahren immer noch meine größte Challenge. Doch wann immer ich auf eine Visionsreise gehe, etwa in unseren Seminaren, und die Frage stelle: »Wie kann ich, Andrea, den Menschen und der Welt am besten dienen?«, kommt dieselbe kristallklare Antwort: »Indem du dich mindestens einmal am Tag von der Welt zurückziehst und mit deiner Seele sprichst.« Mittlerweile mache ich das. Doch immer wieder muss ich zuerst eine Welle von Unruhe und Widerstand überwinden. Aber dann, wenn ich Ja sage, gibt sich mein Ego hin. Und es wird still. Und in der Stille spricht meine Seele so deutlich mit mir. Sie zeigt mir, wo und wie ich leide, weil ich zu hart bin, zu schnell, zu laut. Sie zeigt mir so deutlich, wo in meinen Lebensbiotopen – meinen Beziehungen, der Company, der ganzen Welt – die Liebe fehlt. Sie lehrt mich zu sehen, wo ich das vorgegebene Spiel bedient habe, ohne es zu bemerken, und was ich tun kann, um wieder in die Liebe zu kommen.

Ich weiß nicht, was Liebe für dich bedeutet. Für mich ist es eine unpersönliche, universelle, ungeheuer mächtige Macht. Wir Frauen* sind (eigentlich) der Kanal dieser Liebe. Durch uns kommt sie auf die Welt. Sie lebt in den Augen einer Mutter, die ihr Kind ansieht. Sie lebt in den Augen einer Frau*, die in den Armen eines geliebten Menschen liegt und sich hingibt. Sie lebt in unserer Liebe zum Tanz, im Heilen und Nähren. Doch wenn wir verhärten, wenn wir uns selbst vergessen und verraten, dann geht dieser Kanal zu und das Ergebnis ist eine lieblose Welt. So sind wir in einem Teufelskreislauf gelandet. Denn weil die Welt an Liebe entbehrt, scheint es natürlich viel logischer, ins Kämpfen, in die Anstrengung, die Härte zu gehen. Und so wird der Kanal noch enger und fehlt die Liebe noch mehr.

Doch die gute Nachricht ist: Die Liebe wartet auf uns. Geduldig wartet sie auf den Moment, in dem wir bereit sind, die Welt loszulassen und bei uns anzukommen. Wenn du bereit bist, in dieser Selbstzeit alles zu fühlen, wieder weicher zu werden und die richtigen Fragen zu stellen, wird die Liebe kommen und dich lehren. Sie wird dir zeigen, wer du wirklich bist, und zwar intensiver und tiefer, als es ein Buch oder ein Gespräch je könnte. Also frage ich dich, Schwester, bist du bereit, dir und der Liebe Zeit zu geben?

Ist Selbstzeit egoistisch? Ja, auch. Denn es ist wichtig, dass es dir gut geht. Das ist die Basis. Doch wir alle haben etwas davon. Denn sobald du mit dir allein bist und die Liebe rufst, wird sie kommen, dich stärken und lehren. Wir alle sind miteinander verbunden. Ob du in einer Familie wirkst, Teil eines Teams bist oder eine Company leitest, *du wirkst auf uns alle ein*. Die Tiefe und Qualität der Quelle, aus der du schöpfst, ist für uns alle entscheidend. Niemand steht für sich allein. Wir alle bewirken uns. Das kleinste Teilchen kann den Lauf der Welt verändern. Lass dich entzünden, Schwester. Mit Licht. Mit Leben. Mit Sehen und Erkenntnis. Und dann entzünde mich, uns, die Welt.

I am your sister.
You are my sister.
We are SHE.

SELBSTERFORSCHUNG UND UMSETZUNG

Was sind deine wichtigsten Erkenntnisse aus diesem Kapitel?

_____

_____

_____

Was sind deine wichtigsten Schlussfolgerungen aus diesem Kapitel?

_____

_____

_____

Dein heutiges Leben - ein Ist-Check

Bewerte die folgenden Dimensionen deines Lebens auf einer Skala von 1 bis 5. Mach es ehrlich, es ist für dich.

(1 = ganz mies, 2 = unbefriedigend, 3 = befriedigend, 4 = gut, 5 = ausgezeichnet)

Der Körper

Meine körperliche Gesundheit erlebe ich derzeit:

☐ 1   ☐ 2   ☐ 3   ☐ 4   ☐ 5

Meine körperliche Fitness erlebe ich derzeit:

☐ 1   ☐ 2   ☐ 3   ☐ 4   ☐ 5

Mein körperliches Aussehen erlebe ich derzeit:

☐ 1   ☐ 2   ☐ 3   ☐ 4   ☐ 5

Mein Wohlgefühl in meinem Körper erlebe ich derzeit:

☐ 1   ☐ 2   ☐ 3   ☐ 4   ☐ 5

Der Geist

Meine geistige Klarheit erlebe ich derzeit:

☐ 1   ☐ 2   ☐ 3   ☐ 4   ☐ 5

Mein Konzentrationsvermögen erlebe ich derzeit:

☐ 1   ☐ 2   ☐ 3   ☐ 4   ☐ 5

Die Konstruktivität meines Geistes erlebe ich derzeit:

☐ 1   ☐ 2   ☐ 3   ☐ 4   ☐ 5

Die Emotionen

Meine emotionale Ausgewogenheit erlebe ich derzeit:

☐ 1   ☐ 2   ☐ 3   ☐ 4   ☐ 5

Das Ausmaß von Freude und Zufriedenheit erlebe ich derzeit:

☐ 1   ☐ 2   ☐ 3   ☐ 4   ☐ 5

Meine Freiheit im Ausdruck meiner Emotionen erfahre ich derzeit:

☐ 1   ☐ 2   ☐ 3   ☐ 4   ☐ 5

Grad der Motivation, die Dinge zu tun, die täglich anstehen

☐ 1   ☐ 2   ☐ 3   ☐ 4   ☐ 5

Die Skala der Emotionen

Wir alle haben tagsüber emotionale Schwankungen. Aber wo ist meistens dein Schwerpunkt? Kreuze ihn an.

Frieden ☐

Freude/Liebe ☐

Vertrauen/Dankbarkeit ☐   **positive Energie**

Optimismus/Hingabe ☐

Mut/Integrität ☐

Zufriedenheit ☐

Langeweile/neutrale Gefühle ☐   **neutral**

Stolz/Arroganz ☐

Wut/Ärger ☐

Gier/Neid/Groll ☐

Angst/Zweifel ☐   **negative Energie**

Kummer/Apathie ☐

Schuld/Scham ☐

In Anlehnung an David R. Hawkins: *Die Ebenen des Bewußtseins. Von der Kraft, die wir ausstrahlen.* VAK, 2014.

Der Lebensplan

Klarheit meiner Visionen und Ziele für die kommenden Jahre

☐ 1   ☐ 2   ☐ 3   ☐ 4   ☐ 5

Klarheit in meinen Werten

☐ 1   ☐ 2   ☐ 3   ☐ 4   ☐ 5

Klarheit darüber, wie ich Visionen und Werte verwirklichen kann

☐ 1   ☐ 2   ☐ 3   ☐ 4   ☐ 5

Die Achtung von Bedürfnissen

Wie gut fühle ich mich in meiner Kraft?

☐ 1   ☐ 2   ☐ 3   ☐ 4   ☐ 5

Wie ausbalanciert lebe ich mein Frausein?

☐ 1   ☐ 2   ☐ 3   ☐ 4   ☐ 5

Wie gut verstehe und achte ich mich und meine Bedürfnisse?

☐ 1   ☐ 2   ☐ 3   ☐ 4   ☐ 5

Wie zufrieden bin ich mit mir?

☐ 1   ☐ 2   ☐ 3   ☐ 4   ☐ 5

Wie liebevoll gehe ich mit mir um?

☐ 1   ☐ 2   ☐ 3   ☐ 4   ☐ 5

Wie erfüllt erlebe ich meine Sexualität?

☐ 1   ☐ 2   ☐ 3   ☐ 4   ☐ 5

Die Liebesbeziehung (wenn vorhanden)

Meine generelle Zufriedenheit in dieser Beziehung

☐ 1   ☐ 2   ☐ 3   ☐ 4   ☐ 5

Geistige Nähe und Vertrauen in dieser Beziehung

☐ 1   ☐ 2   ☐ 3   ☐ 4   ☐ 5

Gemeinsames Wachstum und Abenteuer in dieser Beziehung

☐ 1   ☐ 2   ☐ 3   ☐ 4   ☐ 5

Ehrlichkeit und Wahrhaftigkeit in dieser Beziehung

☐ 1   ☐ 2   ☐ 3   ☐ 4   ☐ 5

Wie sehr werden meine Bedürfnisse in dieser Beziehung gesehen und erfüllt?

☐ 1   ☐ 2   ☐ 3   ☐ 4   ☐ 5

Wie sehr sehe und erfülle ich die Bedürfnisse der oder des anderen?

☐ 1   ☐ 2   ☐ 3   ☐ 4   ☐ 5

Wie autonom und selbstbewusst fühle ich mich generell in dieser Beziehung?

☐ 1   ☐ 2   ☐ 3   ☐ 4   ☐ 5

Grad der sinnlich-sexuellen Erfüllung

☐ 1   ☐ 2   ☐ 3   ☐ 4   ☐ 5

Die Beziehung zu den eigenen Kindern (wenn vorhanden)

Nähe und Freude in dieser Beziehung

☐ 1 ☐ 2 ☐ 3 ☐ 4 ☐ 5

Geistige Nähe

☐ 1 ☐ 2 ☐ 3 ☐ 4 ☐ 5

Vertrauen und Respekt

☐ 1 ☐ 2 ☐ 3 ☐ 4 ☐ 5

Die gegenwärtige Arbeit

Erfolg und Wirksamkeit meiner Arbeit

☐ 1 ☐ 2 ☐ 3 ☐ 4 ☐ 5

Grad der Erfüllung in meiner Arbeit

☐ 1 ☐ 2 ☐ 3 ☐ 4 ☐ 5

Soziale und ökologische Nachhaltigkeit meiner Arbeit

☐ 1 ☐ 2 ☐ 3 ☐ 4 ☐ 5

Zukunftssicherheit meiner Arbeit

☐ 1 ☐ 2 ☐ 3 ☐ 4 ☐ 5

Der weltliche Erfolg

Zufriedenheit mit meinem finanziellen Erfolg

☐ 1 ☐ 2 ☐ 3 ☐ 4 ☐ 5

Zufriedenheit mit dem Grad der Anerkennung durch andere

☐ 1 ☐ 2 ☐ 3 ☐ 4 ☐ 5

Zufriedenheit mit dem Unterschied, den ich bewirke

☐ 1 ☐ 2 ☐ 3 ☐ 4 ☐ 5

Spiritualität und Achtsamkeit

Verbundenheit mit einem tieferen Sinn im Leben

☐ 1 ☐ 2 ☐ 3 ☐ 4 ☐ 5

Spirituelle Weltsicht, die mich erfüllt und trägt

☐ 1 ☐ 2 ☐ 3 ☐ 4 ☐ 5

Achtsamkeit

☐ 1 ☐ 2 ☐ 3 ☐ 4 ☐ 5

Selbstzeit

Wie oft nimmst du dir Zeit nur für dich allein?

☐ gar nicht   ☐ wöchentlich   ☐ täglich

Möchtest du dir ab jetzt öfter so eine Selbstzeit gönnen?

☐ ja   ☐ nein

Liste mindestens fünf gute Gründe auf, warum so eine Zeit für dich wichtig ist.

1. _____

2. _____

3. _____

4. _____

5. _____

Dankbarkeit

Für welche Aspekte deines Lebens bist du gerade besonders dankbar?

_____

_____

_____

Was ist gerade die Frage, die dich am stärksten bewegt?

_____

_____

Offene Baustellen

Mit welchen Aspekten deines Lebens bist du gerade besonders unzufrieden? Wo siehst du deine offenen Baustellen?

_____

_____

_____

Bilanz ziehen

Wenn du deine letzten Lebensjahre betrachtest, worauf bist du besonders stolz und was bereust du?

_____

_____

_____

Wenn du die Frau*, die du heute bist, aus der Position einer nüchternen, genauen Beobachterin sehen würdest, wie würdest du sie und ihre gegenwärtige Lebenssituation beschreiben?

_____

_____

_____

28

Hast du gerade offene Lebensfragen? Wenn ja, welche sind es? Schreibe die für dich wichtigsten hier auf.

_____

_____

_____

_____

Was wünschst du dir gerade am allermeisten?

_____

_____

_____

_____

Deine Wünsche an dieses Buch

Was möchtest du durch die Lektüre des Buches klären oder verändern?

_____

_____

_____

_____

Empfehlungen zur Vertiefung

Ritual: Deine Selbstzeit

Bist du bereit, vielleicht zunächst *während der Lektüre* dieses Buches, doch wenn möglich jeden Tag etwas Zeit nur mit dir allein zu verbringen? Mir ist bewusst, dass dies für manche Frauen* wie eine Riesenherausforderung erscheint. Besonders wenn du Kinder hast. Doch bitte gönne es dir. Sei kreativ. Finde eine Möglichkeit. Denn wahrscheinlich wird es immer so aussehen, als wenn es nicht geht. Ich empfehle dir eine Stunde, mindestens jedoch 30 Minuten. Verzichte auf jeden Kontakt zu anderen Menschen. Mach dein Handy aus. Halte eventuelle Wellen von Unruhe aus. Vielleicht zündest du dir eine Kerze an. Stell dir vor, du lädst die Liebe ein, dich in dieser Zeit zu besuchen und zu lehren. Du kannst ihr jede Frage stellen. Lausche nach innen und vertrau der Antwort. Wenn du dir diese Dates regelmäßig gönnst, wird die Stimme immer klarer zu dir sprechen. Wenn du möchtest, nutze ein Tagebuch, um alles aufzuschreiben, was dir dabei durch den Kopf geht. Wenn du Schwierigkeiten hast, dich zu motivieren, finde mindestens fünf dir sehr bedeutsame Gründe, warum diese Zeit für dich so wichtig ist.

Empfehlung: Schreib an deinem ersten bewussten Date mit dir allein einen Liebesbrief an die Liebe. Egal, ob du daran glaubst oder nicht, stell dir vor, du kannst diese universelle Kraft in dein Leben rufen. Du kannst sie bitten, dich in all deinen Auszeiten besuchen zu kommen und dich zu lehren. Schreib ihr, was du dir wünschst, welche Fragen dich bewegen und was du bereit bist, von deiner Seite aus zu geben.

Downloadbereich:

• Unter go.homodea.com/queen findest du die geführte Meditation »Die Hüterin des Wassers«. Sie lädt dich ein, weibliche, sanfte Energien und Weisheit zu empfangen. Sie tut gut und kann dir gerade am Anfang helfen, in deiner Selbstzeit mehr bei dir anzukommen.

- Ebenso findest du dort einen Link zu unserer Frauengruppe. Komm dazu und stell dich vor. Es wird dich stärken, dich mit Gleichgesinnten auszutauschen.

Buchtipp:
- Veit Lindau: *Genesis. Die Befreiung der Geschlechter.* GRÄFE UND UNZER Edition, 2021

Co-Abhängigkeit und Opferitis Humana beenden

 These: Wir Frauen* leben nur einen Bruchteil unserer Power, weil wir in erlernter Hilflosigkeit eingeschlafen sind. Diese wurde kollektiv an uns übertragen und individuell in der Kindheit verstärkt. Solange wir sie nicht aufdecken und heilen, vergeuden wir einen Großteil unseres schöpferischen Potenzials mit dem, was wir nicht wollen, und projizieren unsere Macht auf fremde Baustellen. Es reicht!

Wenn wir Frauen* uns selbst und unsere Systeme in die Freiheit führen wollen, müssen wir uns zuerst schonungslos ehrlich mit unserem Opferbewusstsein auseinandersetzen – der Opferitis Humana.[5] Ich betrachte diese geistige Haltung in meiner Arbeit tatsächlich wie einen Virus, der unseren schöpferischen Genius befallen und uns so unserer Macht berauben kann.

Doch bevor wir uns diese Krankheit und vor allem ihre Heilung näher anschauen, müssen wir eine wichtige Unterscheidung vornehmen. Es gibt nämlich mindestens drei verschiedene Opferperspektiven. Die erste ist die juristische. Wenn du ausgeraubt wirst, bist du ganz klar das Opfer eines Raubüberfalls gewesen und es gibt auf der anderen Seite eine Täterin oder einen Täter.

Die zweite Opferperspektive ist die des konkreten Machtgefälles. Ein Kind besitzt wesentlich weniger Macht als Erwachsene. Wenn daraus Missbrauch jeglicher Art entsteht, ist das Kind eindeutig das Opfer. Auch wenn Frauen* durch die physische und energetisch-aggressive Überlegenheit eines Mannes* Grenzüberschreitungen bis hin zu Vergewaltigung erfahren, sind sie auf dieser Ebene eindeutig das Opfer. Ebenso wenn ganze Bevölkerungsgruppen aufgrund von tief eingebrannten Vorurteilen, strukturellen Machtprivilegien anderer oder unfairen Gesetzen diskriminiert und benachteiligt werden, sind sie auf dieser Ebene Opfer.

Ich denke, über diese zwei Perspektiven sind wir uns einig, und die will ich durch das, was ich im Folgenden mit dir teile, keinesfalls abschwächen.

An dieser Stelle geht es mir jedoch um eine dritte Opferperspektive, und die ist schwieriger zu greifen, denn sie findet in unserem Geist statt. Gleichzeitig ist es die mächtigste überhaupt. Wenn du aufgrund von vergangenen Erfahrungen wählst, dich als Opfer von irgendetwas zu fühlen, verschließt du dir selbst den Zugang zu deiner wahren Macht. Natürlich legen wir Frauen* uns diese innere Opferitis Humana nicht aus purer Langeweile zu. Wir sprechen hier von einer uralten und sehr dichten Mischung aus Schmerz, Frust und erlernter Hilflosigkeit, die von einer Generation an die nächste weitergegeben und durch eigene Erfahrung noch mehr verstärkt werden kann. Diese Haltung ist so normal geworden, dass sie uns gar nicht mehr auffällt.

Noch mal: Es ist verständlich, dass wir sie entwickelt haben, denn wir haben allein in den letzten 10 000 Jahren so viele Ungerechtigkeiten und Grenzüberschreitungen erfahren müssen. Selbst wenn du superglücklich aufgewachsen bist, bist du dennoch angeschlossen an dein Ahnenfeld und an das gesamte kollektive weibliche Feld, in dem jede Erfahrung von Ohnmacht und Leid gespeichert ist. Das Resultat sind sehr viele weibliche Genies, die entweder resignieren und/oder viel Energie in Jammern, Meckern und Anklagen verpulvern. Du wirst immer andere Frauen* finden, die gern mit dir über die Umstände herziehen, ihre Männer* verantwortlich machen und die Mitleiden als einen Akt der Liebe ansehen. Das ist es aber nicht, im Gegenteil: Wenn wir uns gegenseitig gestatten, uns als Opfer von irgendetwas zu fühlen, verstärken wir gemeinsam unsere erlernte Hilflosigkeit. Vielleicht denkst du gerade: »Ja, aber mir ist doch das und das passiert!« Das will ich dir gar nicht ausreden. Ich halte es essenziell für unsere Heilung, dass wir Räume kreieren, in denen jede von uns ihren ganzen Schmerz, ihre Trauer und ihre Wut auspacken kann. Aber was passiert dann? Bleiben wir dann stehen? Tun wir uns für den Rest unseres Lebens leid? Oder erheben wir uns vielmehr gemeinsam und erinnern uns daran, dass wir schöpferische Titan*innen sind?

Ich möchte dies an einer eindrücklichen Geschichte veranschaulichen, die mir einmal von einem Bekannten erzählt wurde: In Thailand war es offenbar lange Zeit völlig selbstverständlich, Elefanten für Arbeitsdienste zu domestizieren. Dafür musste zuerst der Wille dieser mächtigen, wilden Geschöpfe gebrochen werden. Die Dompteure benutzten dafür einen perfiden Trick. Wenn der Elefant noch klein und wehrlos war, banden sie ihm einen großen, schweren Baumstamm ans Bein. So konnte er nicht davonrennen. Er war *wirklich* hilflos. Doch während er aufwuchs, tauschten die Dompteure den Stamm gegen immer kleiner werdende Holzstücke ein. Am Ende baumelte nur noch ein kleiner Stab am Knöchel des riesigen Tieres. Es hätte locker fliehen können, tat es aber nicht. Denn es hatte *gelernt*, dass es hilflos ist.

Das Gleiche ist mit unserem Geist geschehen. Wir haben *gelernt*, dass wir hilflos sind, aber wir *sind* es nicht. Egal, was dir passiert ist; egal, wie ungerecht in vielen Bereichen diese Welt noch organisiert ist, du und ich, wir sind wesentlich mächtiger, als wir denken.

Wir denken uns klein.
Wir denken uns co-abhängig.
Wir verwandeln durch unser Warten,
Hoffen, Meckern und Klagen eine
stolze Königin in eine Bettlerin.

Wahrscheinlich spielt auch das Erbe unserer Evolution eine Rolle. Über Millionen von Jahren haben Weibchen in den meisten Gattungen Männchen gebraucht – für die Fortpflanzung und für den Schutz. Doch ich bin mir sehr sicher, dass die meisten Verirrungen sich erst mit dem Patriarchat in unserem Geist eingeschlichen haben.

Dabei haben wir uns doch längst bewiesen, dass wir anders können. Wir können uns selbst beschützen, vor allem, wenn wir zusammenhalten. Die Rede ist hier leider erst einmal nur von unserer »westlich geprägten« Gesellschaft. In vielen anderen Ländern der Erde sieht das leider ganz anders aus. Wir haben hier bei uns beispielsweise sehr viel Einfluss auf unsere Schwangerschaften. Wir erhalten eine geregelte Ausbildung, haben einen Beruf, dürfen Unternehmen führen und bekommen Nobelpreise. Aber immer noch mischt sich unser limbisches System ein und kreiert Gefühle der Unsicherheit und Bedürftigkeit. Immer noch spuken alte Glaubenssätze durch unseren Kopf und machen uns weis, wir wären dümmer, schwächer und weniger wert. Immer noch ist es für unser Gehirn oft energiesparender und vertrauter, uns selbst leidzutun und darüber zu sprechen, was wir *nicht* wollen, anstatt unseren so powervollen Geist mit unserer unerschütterlichen Ausdauer und unserer feinen Intuition geeint auf das auszurichten, was wir *wollen*.

Wir *denken* uns abhängig. Wir zähmen uns und verstecken unsere Wildheit. Wir schlucken Wahrheiten hinunter und lächeln, wenn wir eigentlich wie Amazonen auf die Tische springen sollten. Wir nuscheln »Bitte, bitte ...«, wenn wir laut und deutlich »STOPP!« brüllen sollten. Opferitis Humana hat aus Löwinnen Hauskatzen gemacht. Lass uns dies so oft und so deutlich benennen, bis sich unsere Wut nicht mehr auf diese ganzen äußeren Baustellen richtet, sondern auf uns selbst, weil wir es zugelassen haben, in diesem begrenzten Traum einzuschlafen. Und dann, wenn wir die Nase gestrichen voll von unserem eigenen Selbstbedauern haben, dann lass uns aufstehen und die Wut in Passion verwandeln. Lass sie uns wie einen Laserstrahl auf das ausrichten, was wir wollen.

Das muss aufhören.
Wir müssen uns geistig aufrichten.
Das kann niemand anders für uns tun.
Wir müssen uns selbst verbieten, uns weiter wie hilflose Opfer zu verhalten.

Denn das sind wir nicht.

Wir sind das Leben selbst.

Wenn du, Frau*, beschließt, diese schöpferische Macht von »Ich kann! Ich will! Ich werde! Ich bin!« in dir zu aktivieren, löscht das all die Ungerechtigkeiten, die du und deine Vorfahrinnen erlebt haben, nicht aus. Aber anstatt dich von deiner Vergangenheit binden und kleinmachen zu lassen, wirst du Wege finden, den Schmerz in Lebenskraft und das Dunkle in Licht zu verwandeln. Du kennst vielleicht die Geschichte der jungen Nobelpreisträgerin Malala. Sie wurde als junges Mädchen von einem Taliban in den Kopf geschossen, weil sie sich öffentlich dafür einsetzte, dass Mädchen in die Schule gehen dürfen sollten.[6] Sie hätte danach jede Ausrede gehabt, sich zurückzuziehen und sich selbst leidzutun. Doch sie ist wieder aufgestanden. Sie ist ein leuchtendes Vorbild für Millionen von Mädchen auf der ganzen Welt.

Lass uns trauern. Lass uns abkotzen. Aber lass uns dann aufstehen und diese Welt kreieren, wie wir sie als lebenswert erahnen. Wir Frauen* haben noch so viel mehr drauf, als wir denken. Lasst uns zusammenkommen und einander unterstützen. Nicht *gegen* den Mann*, sondern *für* das Leben. Ich möchte eine Frau* sein, die liebt und die stehen bleibt, auch wenn *er* geht. Ich möchte eine Frau* sein, die bei sich bleiben kann und glücklich ist, auch wenn *er* gerade mal ein Problem mit sich hat. Ich möchte eine Frau* sein, die weiter liebt, ohne *ihn* zu brauchen.

Es ist erst einmal unbequem, die innere Position des Opfers zu verlassen. Tatsache ist sogar, dass wir oft zunächst wütend werden, sobald uns jemand darauf hinweist. Wir haben uns so sehr damit identifiziert. Wer sind wir, wenn wir uns nicht mehr als Opfer fühlen? Wer sind wir, wenn wir all die Gedanken, die wir täglich haben, auf unsere Power und auf Lösungen ausrichten und nicht mehr auf fremde Baustellen? Hinter uns liegen etwa 10 000 Jahre Patriarchat. Dieses hat ganze Arbeit geleistet. Tausende Jahre von Gehirnwäsche. Tausende Jahre, in denen wir uns eingeredet haben: »Ich bin hilflos. Ich brauche *ihn*, um glücklich zu sein. Ich kann das nicht. Ich darf das nicht.« Was für ein Gift! Wenn wir uns ihm hingeben, reihen wir uns in die Kette all unserer nicht erfüllten Ahninnen ein. Wir werden missmutig, lustlos, missgünstig und neidisch. Wir verbringen den Tag damit, darüber nachzudenken, wer schuld an unserer Unerfülltheit ist, und lassen es diese Menschen spüren. Doch damit ist jetzt Schluss. Lass uns aufeinander aufpassen. Wenn eine von uns wieder meckert oder sich geistig kleinmacht, sagen wir: »Nein, Schwester, ich kaufe dir das nicht mehr ab. Du bist nicht hilflos. Du bist ein schöpferischer Freigeist. In dir sind die Gaben und das Wissen, um alles zu heilen und glücklich zu sein. Nein, du brauchst ihn nicht. Ja, du kannst. Ja, du darfst. Geh los. Ich bin an deiner Seite!«

Wir rutschen tendenziell immer dann ins Opferbewusstsein, wenn wir die Macht und Kontrolle über unser Leben nicht bei uns, sondern bei jemand anderem oder in äußeren Umständen sehen und fühlen. Wenn wir denken: »Ich kann es nicht ändern, weil ...« Doch die Wahrheit ist, dass wir in solchen Augenblicken unsere innere Macht nach außen projizieren. Wir parken sie quasi auf einer fremden Baustelle und müssen uns nun nicht mehr selbst um die Lösung bemühen. Hier ein Klassiker, den ich immer wieder in meinen Coachings erlebe: Du lebst Seite an Seite mit deinem Mann*. Doch weil er sich (in deinen Augen) nicht entwickelt, glaubst du, geht dein Leben auch nicht weiter. Du starrst ihn hypnotisiert an und machst ihn zur Quelle deines Glücks. Weil er nicht dies tut, kannst du nicht jenes tun. Du versuchst, ihn zu überreden, legst ihm Bücher auf den Tisch, schleppst ihn mit zu Vorträgen, denn du bist ganz sicher: Erst wenn er dies tut, kannst du jenes tun. Du triffst dich mit deinen Freundinnen und beklagst dich dort über deinen Mann*. Sie stimmen ein, denn bei ihnen ist es auch so. Ihr schafft die perfekte Opfer-Echokammer. Es fühlt sich so echt an. Doch hier kommt die Wahrheit: Weil *du* dich vor deiner wahren Power und dem möglichen Alleinsein fürchtest, beamst du deine Macht in deinen Partner. In Wahrheit jedoch entwickelst *du* dich gerade nicht weiter und benutzt *ihn* als Ausrede.

Hast du Lust, diesen Opfersumpf trockenzulegen, damit deine innere Schöpferin festen Boden unter die Füße bekommt? Dann hol dir deine Power zurück. Hol sie dir aus deiner vielleicht verkorksten Vergangenheit, denn sie ist vorbei. Hol sie dir von all deinen Mitmenschen, denn sie sind nur Nebendarsteller*innen in deinem Film und werden sich neu ausrichten, wenn du dein Skript umschreibst. Schneide das kleine, lächerliche Stöckchen ab, das an deinem Bein baumelt, und erhebe dich zu deiner vollen Größe. Selbstwirksamkeit macht sexy, glücklich und gesund. Du wirst gebraucht, Schwester! In deiner freiesten Version.

SELBSTERFORSCHUNG UND UMSETZUNG

Was sind deine wichtigsten Erkenntnisse aus diesem Kapitel?

Was sind deine wichtigsten Schlussfolgerungen aus diesem Kapitel?

Das Opferdasein

In welchen Situationen fühlst du dich als Opfer?

_____

_____

_____

Wie fühlt sich das für dich an?

_____

_____

Bist du bereit, deine Power wieder voll zu dir zurückzuholen, selbst wenn du noch nicht weißt, wie das geht?

☐ ja   ☐ nein

Get your power back I

Liste sieben Menschen auf, denen du in deiner Vergangenheit oder aktuell die Macht über deine Gefühle und dein Glück gegeben hast. Das können beispielsweise Eltern, Ex-Geliebte, Ehepartner*innen oder Politiker*innen sein. Was hat diese Machtübergabe in dir bewirkt? (Zum Beispiel: *Mein Mann* hindert mich daran, voll glücklich zu sein, indem er sich nicht entwickelt.* Oder: *Der Politiker XY hindert mich daran, voll glücklich zu sein, indem er die Gleichberechtigung boykottiert.* Oder: *Meine Tochter hindert mich daran, voll glücklich zu sein, indem sie wenig Zeit mit mir verbringt.*)

1. _____ hindert mich daran, voll glücklich zu sein,

indem er/sie _____

2. _____ hindert mich daran, voll glücklich zu sein,

indem er/sie _____

3. _____ hindert mich daran, voll glücklich zu sein,

indem er/sie _____

4. _____ hindert mich daran, voll glücklich zu sein,

indem er/sie _____

5. _____ hindert mich daran, voll glücklich zu sein,

indem er/sie _____

6. _____ hindert mich daran, voll glücklich zu sein,

indem er/sie _____

7. _____ hindert mich daran, voll glücklich zu sein,

indem er/sie _____

Jetzt lies dir deine Sätze noch einmal laut vor. Frage dich dann:»Ist das wirklich wahr? Kann mich dieser Mensch wirklich daran hindern, glücklich zu sein?« Wie lautet deine Antwort?

☐ ja   ☐ nein

Wenn du nein angekreuzt hast, sprich nun folgende Worte mehrfach laut aus:»Du, (Name der Person), kannst mich ab jetzt nicht mehr hindern, glücklich zu sein. Ich hole jetzt meine Power zu mir zurück!« Spüre, was das mit dir macht.

Solltest du bei einem der Menschen immer noch felsenfest überzeugt sein, dass er/sie dich daran hindern kann, glücklich zu sein, kreise diesen Satz FETT und ROT ein. Wisse, auch wenn du es gerade noch nicht sehen kannst: Hier liegt die meiste Power von dir verborgen. Irgendwann musst du hierher zurück und sie dir holen.

Get your power back II

Mach nun dasselbe mit Umständen und Ereignissen. Liste sieben Gründe auf, die dich scheinbar daran hindern, in deine volle Power zu kommen. (Zum Beispiel: *Weil mir ... passiert ist, kann ich nicht voll glücklich sein!* Oder: *Weil ich nicht genug Zeit habe, kann ich nicht voll glücklich sein!* Oder: *Weil ich nicht weiß, wie es geht, kann ich nicht voll glücklich sein!*)

Grund 1 _____

_____

Grund 2 _____

_____

Grund 3 _____

_____

Grund 4 _____

_____

Grund 5 _____

_____

Grund 6 _____

_____

Grund 7 _____

_____

Jetzt lies dir deine Sätze noch einmal laut vor. Frage dich dann: »Ist das wirklich wahr? Kann mich dieser Umstand wirklich daran hindern, glücklich zu sein?« Wie lautet deine Antwort?

☐ ja ☐ nein

Wenn du nein angekreuzt hast, sprich nun folgende Worte mehrfach laut aus: »Du, (Umstand/Ereignis), kannst mich ab jetzt nicht mehr hindern, glücklich zu sein. Ich hole jetzt meine Power zu mir zurück!« Spüre, was das mit dir macht.

Solltest du bei einem der Gründe immer noch felsenfest überzeugt sein, dass er dich daran hindern kann, glücklich zu sein, kreise diesen Satz FETT und ROT ein. Wisse, auch wenn du es gerade noch nicht sehen kannst: Hier liegt die meiste Power von dir verborgen. Irgendwann musst du hierher zurück und sie dir holen.

Den Sumpf trockenlegen

In welchen Beziehungen oder Gesprächen rutschst du gern mal in die Rolle des Opfers?

_____

_____

_____

Bist du bereit, damit aufzuhören? Wenn ja, wie und wann kannst du die betroffenen Menschen über deinen Beschluss informieren? (Tu es.)

_____

_____

Liste deine drei bis sieben stärksten weiblichen Vorbilder auf und schreibe dahinter, wofür du sie bewunderst.

1. _____

2. _____

3. _____

4. _____

5. _____

6. _____

7. _____

Mal angenommen, du lebst heute nur 10 Prozent deines Potenzials und die restlichen 90 Prozent kommen zu dir zurück, wenn du die volle Verantwortung über dein Leben übernimmst, was würdest du sofort tun? Was würdest du für dich, dein Leben und die Welt verändern?

_____

_____

Empfehlungen zur Vertiefung

Ritual: 1-Monat-Ausrede-Fasten

Verzichte von heute an für einen Monat auf jedes Klagen und Meckern und auf alle Ausreden, mit denen du dir normalerweise begründest, dass du etwas nicht haben kannst. Wenn du es richtig angehen willst, informiere deine wichtigsten Mitmenschen über den Entschluss und bitte sie, dich zu stoppen, wenn du einen Rückfall hast.

Jedes Mal wenn du dich in dieser Zeit als Opfer fühlst und denkst »Ich kann nicht, weil …«, halte inne und sag es nicht. Nimm stattdessen deinen Gedankenstrom dazu wahr. An wen gibst du gerade deine Power ab? An deine Vergangenheit? An deine Partnerin oder deinen Partner? An die Umstände? Welche Gefühle steigen in dir auf? Wie fühlt sich deine Hilflosigkeit an? Dann richte deinen Körper bewusst auf und sage laut: »Ich hole mir jetzt meine Power zurück. Ich will. Ich darf. Ich kann. Ich werde. Ich mach es jetzt! Ich muss noch nicht genau wissen, wie, ich gehe jetzt einfach für mich los!« Benutze dieses Mantra wie einen Weckruf für die in dir schlummernde Riesin. Wenn eine Person in der Nähe ist, der du vertraust, dann sprich in diesem Moment klar deine Wünsche und Bedürfnisse aus. Vergiss den Weg! Der wird sich dir vor die Füße legen, wenn du losgehst.

Downloadbereich:

* Unter go.homodea.com/queen findest du den Vortrag »F*ck the Opferitis Humana«, in dem du von einer starken Gegenmedizin gegen die Opferitis Humana erfährst.
* Ebenfalls findest du dort die dich empowernde Meditation »JA!«.

Buchtipps:

* Elena Favilli und Francesca Cavallo: *Good Night Stories for Rebel Girls. 100 außergewöhnliche Frauen.* Carl Hanser, 2017
* Veit Lindau: *Wunderwerk. Wie du das Unmögliche möglich machst.* unum, 2021

Filmtipps:

- Clint Eastwood u. a. (Produktion); Clint Eastwood (Regie): *Million Dollar Baby*. 2004
- Caroline Benjo u. a. (Produktion); Anne Fontaine (Regie): *Coco Chanel – Der Beginn einer Leidenschaft*. 2009
- Steven Spielberg u. a. (Produktion); Steven Spielberg (Regie): *Die Farbe Lila*. 1985
- Gurinder Chadha, Deepak Nayar (Produktion); Gurinder Chadha (Regie): *Kick It Like Beckham*. 2002
- John Davis u. a. (Produktion); David O. Russell (Regie): *Joy – Alles außer gewöhnlich*. 2015
- Alison Owen, Faye Ward (Produktion); Sarah Gavron (Regie): *Suffragette – Taten statt Worte*. 2015

Deine Schönheit erkennen

 These: Es gibt so gut wie keine Frau*, die nicht manchmal oder oft mit ihren vermeintlichen Schönheitsmakeln ringt. Da uns dies so viel Energie raubt und unseren Selbstwert massiv angreift, ist es höchste Zeit, dass wir radikal hinterfragen, was Schönheit überhaupt ist. Es ist Zeit, dass wir uns von antrainierten geistigen Dogmen lösen und so unseren Blick für wahre Schönheit öffnen. Denn wir sind schön. *Wunder*schön!

Ich habe das Thema Schönheit bereits kurz im Kapitel über Eros angesprochen. Doch es birgt besonders für uns Frauen* so ein enormes Potenzial für Leid oder Freude, dass es angemessen ist, ihm ein eigenes Kapitel zu widmen. Nehmen wir mal an, wir wären sehr gute Freundinnen und du würdest mir vertrauen. Wir sitzen zusammen und ich frage dich:»Sag mal, empfindest du dich eigentlich als schön?« Wohlgemerkt frage ich nicht:»*Denkst* du, dass du schön bist?« Ich frage dich: »*Fühlst* du, dass du schön bist?« Was wäre deine ehrliche Antwort?

Ich empfinde mich nicht immer als schön. Ich würde zwar sagen, es geschieht immer öfter und dann auch intensiver. Doch es gibt Momente, in denen mein Sinn für meine Schönheit irritiert ist. Wenn ich mich vergleiche. Wenn ich eh schon einen schlechten Tag habe. Wenn der Mann* an meiner Seite nicht so reagiert, wie ich mir das wünsche. Ich weiß in solchen Momenten intellektuell, dass ich auf meine einzigartige Weise schön bin, genau wie du es bist. Doch ich *fühle* etwas anderes. Ich fühle Unsicherheit bis hin zu Scham. Das finde ich auf eine erschreckende Weise faszinierend, denn es rüttelt an meiner Kraft. Wie ist es mit dir? Was an dir magst du? Was nicht? Was bekämpfst du vielleicht sogar und wie fühlt sich das an?

Ich habe vor einigen Jahren all meinen weiblichen Bekannten dieselbe Frage gestellt. *Keine* hat sich als rundherum schön empfunden. *Alle* standen mit ihrem ganzen Körper oder mit bestimmten Aspekten auf Kriegsfuß. Das ist eine Katastrophe! Denn nichts schwächt unseren Selbstwert so sehr wie Scham. Woher kommt dieser Wahn? Denn als nichts anderes möchte ich es betrachten. Wir sehen die Schönheit unserer Kinder, unserer Haustiere, der knorzigen Bäume, der so verschiedenen Blumen einer Wiese, der kantigen Felsen im Gebirge, der Wellen eines Ozeans. Wir versinken im Spiel der Wolken am Himmel. Wir betrachten verzückt einen Tautropfen. Wie können wir so verrückt sein, unseren eigenen Körper – ein so komplexes Meisterwerk der Natur, gezeichnet von so vielen Erfahrungen, Leidenschaft und Liebe – aus dieser Sinfonie der Schönheit auszuklammern? Wie viele Milliarden Euro geben wir Frauen* jährlich für Kosmetik und Diätmittel aus? Wie viele unzählige Stunden unserer so kostbaren Lebenszeit verschwenden wir Hohepriesterinnen des Lebens darauf, uns zwanghaft aufzuhübschen, den Bauch unnatürlich einzuziehen, uns schlecht zu fühlen und hart mit uns zu sein?

Das muss aufhören, Schwestern!
Denn wahre Schönheit existiert und sie ist
eine unserer stärksten Kraftquellen.

Wann immer ich Dokumentationen über einen der letzten Naturstämme, etwa im Amazonas sehe, fällt mir auf, wie selbstverständlich diese meist fast nackten Frauen* über die Erde laufen – egal, ob sie »mager« oder »korpulent« sind. Egal, ob ihre Brüste klein und spitz in die Luft ragen oder sich gezeichnet vom Leben eher an den Körper schmiegen. Oder wenn ich auf den Bahamas beobachte, wie stolz jene Frauen* ihr riesiges Gesäß durch die Welt schwingen. Sie strotzen nur so vor Selbstbewusstsein und Eros. Diese Frauen* haben dieselben visuellen Sinne wie wir, doch offenbar sehen sie etwas anderes als wir. Ist das nicht spannend? Wo liegt der Unterschied? Er liegt im Geist! Wir, Schwestern, sind gebrainwasht worden. Einer der perfidesten Tricks des Patriarchats ist meines Erachtens die Schönheitsdoktrin. Wie unterjoche ich eine so starke und intelligente Spezies wie die

Frauen*? Ich schneide sie von einer ihrer stärksten Kraftquellen ab –
ihrem Sinn für die eigene Schönheit. Jedes kleine Mädchen findet sich
schön, egal, ob es ein kleines süßes Bäuchlein hat, einen Silberblick
oder große Ohren. Noch mal: Jedes kleine Mädchen empfindet sich
als schön! Es würde nie auf die Idee kommen, auch nur irgendwann
an sich zu zweifeln, wenn wir es nicht früh irritieren würden. Das
Perverse ist, dass diesen Job häufig die Eltern selbst übernehmen, oft
sogar die Mütter! Ein kritischer Blick hier, eine abfällige Bemerkung
da. Die nächste Verunsicherung kommt in der Kita oder der Schule.
Sorry, wenn ich so deutliche Worte finde: Ich könnte das Kotzen krie-
gen, wenn ich kleine sechsjährige Mädchen wie Miniaturausgaben
eines Supermodels herumlaufen sehe. Denn sie tun dies sicher nicht,
weil sie sich das ausgesucht hätten, sondern weil sie den Traum ihrer
Eltern bedienen. Und schon beginnt das harte, giftige Vergleichen.
Wer wird als cooler gehandelt? Wer bekommt die meiste Aufmerksamkeit? Auf wen reagieren in den etwas älteren Klassen die Jungs am
stärksten? Wenn wir unsere Kids hier alleinlassen, wird die Schule zu
einem der härtesten Umerziehungs- und Ausleselager. Die dritte und
ultimative K.-o.-Welle für unseren Schönheitssinn sehe ich in den
sozialen Medien. Ich mache mir große Sorgen um jene Generation,
die mit TikTok und Instagram aufwächst. Ich bin keine Spielverder-
berin. Ich kokettiere auch gern. Doch diese Mädchen können nicht
mehr entspannt laufen oder sitzen. Der Druck, cool und auf eine vor-
bestimmte Weise schön zu sein, raubt ihnen ihren eigenen Instinkt.

Psychische Erkrankungen unter Jugendlichen in den USA treten
heute fünfmal so oft auf wie vor 70 Jahren: Sie reichen von Essstörun-
gen über Depressionen und Angstzustände bis hin zu Selbstmord.
Weißt du, was eine der Hauptursachen dafür ist? Der immense Druck,
schön und reich zu sein.[7] Damit muss Schluss sein. Und ich sage dir
jetzt was: Das werden wir verändern. Wir initiieren eine Revolution.
Auch wenn es nicht von heute auf morgen gehen wird. Wir setzen den
ersten Schritt und machen dann weiter und weiter, bis wir alle geheilt
sind, uns schön fühlen, uns schön wissen und uns dementsprechend

verhalten. Damit keine Missverständnisse aufkommen: Ich meine damit nicht, dass wir uns gehen lassen sollten. Natürlich dürfen wir unseren Körper nicht vernachlässigen. Er verdient Pflege, gutes und gesundes Essen und er will trainiert werden. Das alles gib ihm. Doch darüber hinaus braucht er vor allem deinen liebevollen Blick. Ja, und dann sind da noch die Männer*. Gebrainwasht wie wir. Geeicht auf bestimmte Formen. Ich habe für die folgende These keine wissenschaftlichen Beweise. Sie speist sich aus Beobachtung und Erfahrung. Ich glaube, dass viele Männer* (natürlich gibt es Ausnahmen) über eine noch relativ unterentwickelte erotische und ästhetische Intelligenz verfügen. Das heißt, ihr Gehirn hat Schwierigkeiten, wahre Schönheit in ihren so verschiedenen Reifephasen zu erkennen und wertzuschätzen. Die Priorität der Männer* lag bis hierher eher in der Entwicklung anderer Fähigkeiten und sie werden in unserer Gesellschaft auch zu wenig an diese Themen herangeführt. Die Folge ist – und auch hier möchte ich es deftig formulieren: Wenn du als Frau* die Abteilung »knackiges Junggemüse« auf dem Marktplatz des Lebens verlässt und du in deiner Selbsteinschätzung immer noch abhängig von dem leuchtenden bis sabbernden Blick der meisten Männer* bist, dann hast du ein Problem! Denn entweder wirst du verkrampft versuchen, deinen natürlichen Reifungsprozess zu stoppen, oder du wirst dich frustriert in eine beinah asexuelle Ecke zurückziehen. Natürlich wäre es wunderbar, wenn die Männer* – vor allem die, die uns wichtig sind – parallel zu uns reifen und so auch ihren Sinn für natürliche Schönheit vertiefen. Aber darauf können und dürfen wir nicht warten. Denn das bringt uns in eine ungesunde Co-Abhängigkeit.

Es ist Zeit, dass wir die Hoheit über Schönheit zurückgewinnen. Denn hier kommt das Geheimnis: Du kannst den Maßen der perfekten Models aus deiner Lieblingsillustrierten entsprechen und dennoch das Eros- und Ekstaselevel einer vertrockneten Möhre haben, weil dein Hirn die ganze Zeit verkrampft Kalorien zählt und sich vor der ersten Falte fürchtet. Oder aber du reinigst deinen Geist von all dem wirren Wahnsinn, der uns infiltriert wurde, und holst dir so den

Blick für wahre Schönheit zurück. Denn unter dem Bullshit wissen wir Frauen* ganz genau, was schön ist. Wir müssen dieses Wissen nur wieder auf uns selbst anwenden. Vergiss die Männer*. Vergiss die Medien. Nichts ist mächtiger als dein eigenes Urteil über dich. Die Falten in deinem Gesicht können gar nicht hässlich sein, es sei denn, du entziehst ihnen deine Seelenkraft. Und wie machst du das? Indem du deinen Geist gegen diese Falten richtest. Hast du das schon einmal mit der faltigen Rinde eines Baumes getan? Nein! Du streichelst über die »Haut« dieser Eiche und siehst ihre Schönheit. Diese radikale Umkehr mag vielleicht nicht über Nacht geschehen und vielleicht hast du Rückfälle. So what! Streichle deine Falten. Lausche ihren Geschichten. Über Liebe, Lachen und Leid. Entlocke ihnen ihr Geheimnis. Zeige sie stolz der Welt, damit sie spüren, dass du zu ihnen stehst. Und vor allem: Atme und tanze dich in sie hinein.

Natürlich willst du auch gefallen. Doch weißt du, was absolut sexy ist? Ein Körper – egal, wie alt, dick oder dünn –, in dem Eros lebt und bebt.

Wir müssen aufhören, zu betteln und uns zu verstellen. Wir müssen aufhören, uns wie kleine bedürftige Mädchen nach einem spärlichen Kompliment zu sehnen. Wir müssen aufhören, uns von Likes auf Instagram verrückt machen zu lassen. Wir holen unseren Körper zurück. Wir verwandeln ihn in einen einzigartigen Tempel der Freude und Lust.

Lasst uns ins Feuer springen, denn nicht weniger wird es bedeuten.
Lasst uns das Feuer der Schönheit entzünden.
Lassen wir es hell brennen und lodern.
Erkenne deine Schönheit, Frau.*

Lass dies unsere gemeinsame Vision sein: Jede Frau* wird wieder oder vielleicht zum ersten Mal sehen, wie schön sie wirklich ist. Wir entziehen dem System und auch den verirrten Köpfen vieler Männer* unsere Power. Wir spielen da nicht mehr mit. Wir tanzen auf unserer eigenen Wiese. Wir bestimmen die Regeln ab jetzt selbst. Lasst uns den Wahnsinn heute begraben. Lasst uns auferstehen. Ich wünsche mir, dass jede Frau* ihren eigenen Körper liebevoll, ja begeistert anschaut und das Wunder in ihm erkennt. Ich wünsche mir, dass wir mit aufgerichtetem Rückgrat und schwingenden Hüften dieses Wunder voller Stolz durch die Straßen bewegen und die Welt wissen lassen, dass wir schön sind. Unsere Körper sind die Gefäße unserer Seelen. Lass sie uns um Verzeihung bitten, weil wir sie so lange alleingelassen haben. Unsere Körper hungern nach Respekt, Licht und Lust. Ich wünsche mir, dass heute der Tag ist, an dem unsere Seele wieder im Tempel Einzug hält.

SELBSTERFORSCHUNG UND UMSETZUNG

Was sind deine wichtigsten Erkenntnisse aus diesem Kapitel?

_____

_____

_____

Was sind deine wichtigsten Schlussfolgerungen aus diesem Kapitel?

_____

_____

_____

Die Beziehung zu deinem Körper

Lies dir die folgenden Satzanfänge laut vor und vervollständige sie, *ohne nachzudenken.* So kommst du deinen unbewussten Glaubenssätzen auf die Spur.

Mein Körper ist _____

Mein Körper war _____

Mein Körper kann nicht _____

Ich hasse an meinem Körper, dass _____

_____

Ich liebe an meinem Körper, dass _____

_____

Ich wünsche mir, dass mein Körper _____

_____

Ich fürchte, dass mein Körper _____

Meine Schönheit ist _____

Hässlich an mir ist _____

Ich finde mich am schönsten, wenn _____

_____

Ich werde in Zukunft mit meinem Körper _____

_____

Wenn ich mich selbst voll lieben würde, dann _____

_____

Wenn mir die Meinung aller anderen egal wäre, dann _____

_____

Ich verspreche meinem Körper, dass _____

Deine Schönheit

Wie schön erlebst du dich meist auf einer Skala von 1 bis 7? Kreise ein.
(1 = sehr hässlich, 7 = wunderschön)

1   2   3   4   5   6   7

Beschreibe mit Worten, auf welche Weise du dich schön oder vielleicht auch hässlich fühlst. Sei ehrlich.

_____

_____

Welche Körperteile magst du an dir nicht und warum?

_____

_____

Welche Körperteile magst du an dir und warum?

In welchen Situationen wird dein Sinn für deine Schönheit besonders stark irritiert?

Beschreibe, was deren Meinung (positiv und negativ) mit dir macht.

Was hilft dir dabei, dich schön zu fühlen?

Bist du bereit, aktiv etwas zu tun, um dich schöner zu fühlen? Falls ja, wie könntest du es umsetzen? Falls nein, was hindert dich daran?

Empfehlungen zur Vertiefung

Ritual I: Nur du und dein Körper

Nimm dir acht Tage lang jeden Tag einen kleinen heiligen Moment Zeit für dich, um allein mit deinem Körper zu sein. Stell dich vor einen Spiegel – erst angezogen, dann nackt. Ich weiß, dass allein das manchmal schon eine Herausforderung ist. Doch du schaffst das. Du weißt, dass viele andere Frauen* es auch tun und mit dir sind. Zusammen sind wir so viel stärker. Betrachte dich im Spiegel. Das bist du. Sieh richtig hin. Voller Liebe. Betrachte jede Stelle deines Körpers. Alles will geliebt werden. Bitte um Verzeihung, wenn du wertend und nicht liebevoll an eine Zone denkst. Doch akzeptiere es auch, denn es ist okay – besser geht es dann gerade noch nicht. Das bist nicht wirklich du, sondern es ist das System! Nun gib dir auf den Arm oder an irgendeine andere Stelle einen Kuss. Nicht schnell hingeküsst, sondern wirklich langsam, präsent und voller Hingabe. Du wirst dich lieben lernen. You will see.

Mögliche Intensivierung dieses Rituals: Berühre dich an einer Stelle deines Körpers, mit der du auf Kriegsfuß stehst. Lege deine Hand sanft auf dein Speckröllchen, deine Schwangerschaftstreifen, deine kleinen Brüste … Spüre die Begegnung zwischen Hand und Körperstelle. Kannst du dieser Region jetzt in diesem Moment Liebe und Zärtlichkeit senden? Kannst du fühlen, wie sehr sich jede einzelne Zelle danach sehnt, dass du deine Seele wieder in sie zurückströmen lässt? Übe nun etwas Druck mit deiner Hand aus, immer noch sehr liebevoll, aber vielleicht sinnlich, erotisch. Fühlst du etwas anderes? Spürst du, wie viel Leben sich dir entgegenstreckt?

Ritual II: Inkarnation

Inkarnation bedeutet übersetzt so viel wie »zu Fleisch werden«.[8] Ich lade dich zu einem wunderschönen, sehr intensiven Selbstheilungsritual ein. Du brauchst bequeme Kleidung (oder gar keine Kleidung, wenn du dich wohlfühlst), eine Augenbinde, eine Yogamatte, Körpermalfarben oder einige Faserstifte, einige leere Blätter und Schreibzeug. Nimm dir eine Stunde Zeit und ziehe dich an einen ruhigen Ort zurück, an dem du wirklich ungestört bist. Verbinde deine Augen und starte mit der Meditation »Die Freude in deinem Körper« (s. Downloadbereich). Diese Meditation kann sensationell positive Wirkung zeigen. Lass dich überraschen. Sie tut wirklich gut!

Dann nimm die Augenbinde ab, öffne deine Augen, streichle deinen Körper, bemale ihn wie ein Kunstwerk und/oder schreibe Worte des Willkommens, der Anerkennung oder der Liebe auf ihn. Widme dich hierbei besonders den bis jetzt abgelehnten Körperteilen.

Setze dich anschließend entspannt hin und schreibe deinem Körper und deiner Seele einen Brief. Bitte deinen Körper um Verzeihung für deine Ablehnung, fürs Hungern, für Anspannung ... Versprich ihm, ab jetzt für ihn da zu sein. Bitte deine Seele, deinen Körper voll von innen zu bewohnen. Bitte sie, mit Lust und Freude in jede Zelle einzufahren. Lass sie dich lehren, was wahre Schönheit ist.

Downloadbereich:

- Unter go.homodea.com/queen findest du die von mir gesprochene Meditation »Die Seele kehrt in den Körper zurück«, die dir dabei hilft, deine Schönheit zu erkennen.
- Ebenfalls dort findest du die aktive Meditation »Die Freude in deinem Körper« (s. Ritual II).

Buchtipps:

- Jessica Sanders und Carol Rossetti: *Liebe Deinen Körper. Die Anleitung zur Selbstliebe.* Kindersachbuch: Selbstfürsorge lernen & das Selbstwertgefühl stärken. Ratgeber für Kinder ab 8 Jahren über Schönheitsideale & Diversität. Zuckersüß Verlag, 2020
- Eva-Maria Admiral und Annette Friese: *Schön ohne Aber. Wie wir von Körperhass zu Körperliebe finden.* SCM Hänssler, 2020

Filmtipps:
- Bobby Farrelly u. a. (Produktion); Peter Farrelly, Bobby Farrelly (Regie): *Schwer verliebt.* 2001
- Marc Turtletaub u. a. (Produktion); Jonathan Dayton, Valerie Faris (Regie): *Little Miss Sunshine.* 2006
- Lee Daniels, Gary Magness, Sarah Siegel-Magness (Produktion); Lee Daniels (Regie): *Precious – Das Leben ist kostbar.* 2009
- Taryn Brumfitt, Anna Vincent, Nora Tschirner (Produktion); Taryn Brumfitt (Regie): *Embrace – Du bist schön.* 2017

Eros und die Lust in dir erwecken

 These: Eros ist so viel mehr als Erotik. Es ist eine der tiefsten Kraftquellen von uns Frauen*. Doch wir haben die Verbindung zu dieser Quelle verloren und suchen sie deshalb im Außen. Erst wenn wir vollkommen verstehen, dass wir sie in ihrer ganzen Fülle bereits in uns tragen und sie nur wecken müssen, können wir in unseren Beziehungen frei, selbstbewusst und lustvoll agieren.

In diesem Kapitel möchte ich mit dir gemeinsam die Urquelle weiblicher Energie erforschen: – Eros. In *Genesis* beschreibt Veit, wie aus der anfänglichen, zwar formlosen, aber unermesslich potenten Stille durch den Urknall das gesamte Universum geboren wird. Ich finde, es gelingt ihm gut, die Verbindung zwischen diesen gewaltigen kosmischen Ereignissen und unserem alltäglichen Leben aufzuzeigen. Das Tao beschreibt diesen Beginn so: Aus dem einen (der ewigen Stille) entstand die Zwei.[9] Seitdem, so könnten wir bildhaft sagen, toben sich die zwei alchemistischen Urkräfte – Eros und Logos – miteinander aus. Erst ihr Wechselspiel aus Anziehung und Herausforderung erzeugt die Dynamik einer Entwicklung, bringt Formen, Leben und Bewusstsein hervor. Ihr Tanz in uns lässt uns in einem guten Sinne nicht zur Ruhe kommen, sondern stetig reifen und geistig expandieren. In diesem Kapitel feiern wir Eros. Es ist der Pol in unserem Bewusstsein, der immer die Verbindung zur Urquelle hält. Während Logos davoneilen, erobern und sich ausdehnen will, »weiß« die Urkraft Eros, dass sie nirgendwohin kann, wo sie nicht schon längst ist. Eros ist die Hüterin der Allverbundenheit, quasi das Bindegewebe des Lebens. Mystiker*innen beschreiben die Erfahrung, wenn wir mit einem stillen Geist in dieses Feld eintauchen, als gegenwärtiges, glückseliges Sein.[10] Ich unterstelle jetzt einfach mal, dass wir alle in feinster, erfüllter Ekstase über den Planeten laufen würden, wenn wir alle in der Lage wären, Leben in seiner tiefsten Tiefe mystisch (aus einem stillen Geist heraus) zu erfahren. Doch die meisten von uns sind da offensichtlich noch nicht angekommen.

Wir sind dem Irrtum des Mangels aufgesessen und glauben häufig, dass uns noch etwas fehlt, um diese jubilierende Freude zu erfahren – ein Stück Kuchen, eine Liebkosung, ein anerkennendes Wort, Sex ... Wenn wir dann diese Sache bekommen, erleben wir für einen kurzen Moment ein Aufflackern von Ekstase. Wir glauben zwar, die Freude käme aus dieser Sache, doch in Wahrheit ist die Quelle (Eros) *in* uns und wir haben sie nur nach außen projiziert. Das zu begreifen, ist enorm wichtig. Denn solange wir Frauen* uns in unserer erotischen Power von äußeren Elementen abhängig fühlen, werden wir uns immer wieder entwürdigen und kleinmachen. Wir sind dann wie eine Sonne, die vergessen hat, was sie ist, und die sich sehnsüchtig vom Mann* erhofft, er möge sie mit seinem Feuerzeug kurz anleuchten. Bitte verstehe:

Nicht das da draußen ist die Quelle deiner Freude. Du bist es!

Diese Quelle birgt Freuden verschiedener Frequenzen: Genuss, Spaß, Sinnlichkeit, Lust, Frieden, Verbundenheit, Liebe, pure Ekstase. Sie alle stehen dir zur Verfügung, wenn du dein Geburtsrecht auf ein ekstatisches Leben bejahst und Eros mit Respekt begegnest. Du kannst diese Kraft nicht eben mal im Supermarkt kaufen oder dir in einem Wochenendseminar abholen. Auch wenn sie sanft daherkommt – es ist *die* weibliche Superpower. Baue ihr einen Tempel, damit sie dich besuchen kommt und du sie tiefer erforschen kannst.

Paradoxerweise hilft dir ein starker Logos dabei, Eros nicht nur dumpf zu fühlen, sondern klar zu sehen und zu fördern. Je nachdem, wie weit du in Erforschung und Erfahrung von Eros fortgeschritten bist, kannst du diese Kraft auf vier Entwicklungsstufen erleben.

1. **Unbewusste Symbiose:** Wenn Eros sehr dumpf ausgeprägt ist
(weil er einen sehr schwachen Logos an der Seite hat), dann versuchen wir, ihn über unbewusste Beziehungen in einer Art »Einheitsbrei« zu leben. Das können Partnerschaften sein, in denen
beide mehr oder weniger in ihrer eigenen Blase leben, es kann sich
in einem vereinnahmenden Muttersein äußern oder es kann sich
darin zeigen, dass man versucht, die Wärme und Sicherheit durch
permanente Nascherei zu kompensieren.

2. **Erotische Anziehung:** Dies ist wahrscheinlich die Ebene, die
die meisten mit Eros assoziieren. Natürlich gibt es hier eine große
Bandbreite von sehr grober bis sehr fein entwickelter Erotik. Hier
drücken wir diese Kraft durch Flirten, sinnliche Berührungen
oder Sex aus. Da sich sehr viele Menschen stark mit ihren Körpern
assoziieren und deshalb Eros intensiv über diese Ebene erfahren,
ist diese für unsere Selbstachtung sehr bedeutsam. Wenn wir
uns unerotisch fühlen, sackt unser Selbstwert in den Keller. Das
wiederum wird als mangelnde Attraktivität von anderen wahr-
genommen; sie reagieren schwächer. Das kann durchaus einen
Teufelskreislauf erschaffen. Bedenke: Deine erotische Ausstrah-
lung hat nicht primär etwas mit der Form deines Körpers zu tun,
sondern mit dem Grad der Wachheit deines Eros in jeder deiner
Zellen.

3. **Bewusste Liebe:** Je bewusster ein Mensch wird, desto mehr wird
er erkennen, dass wir alle wesentlich mehr als nur unsere Körper
sind. Du beginnst, die Seelen der anderen zu sein; du beginnst
zu erahnen, dass alle Seelen Lichtfunken in einem großen Meer
des Bewusstseins sind. Du hörst auf, andere Menschen blind zu
benutzen. Du bist fähig, sie immer deutlicher in ihrer unerklär-
lichen Vollkommenheit zu sehen, und du kannst gar nicht anders,
als sie bewusst zu lieben. In unseren Seminaren fallen mir immer
wieder Frauen* auf, die diese Ebene gut kennen und sich hier
wohlfühlen, die aber die Ebene der erotischen Anziehung nicht
wirklich integriert haben. Es ist eher so, als wenn sie sie aufgrund

vieler enttäuschender und schmerzhafter Erfahrungen zu über-
springen versuchen. Das ist verständlich. Doch auf diese Weise
entgeht dir sehr viel und sehr wahrscheinlich holen dich die
Themen ohnehin immer wieder ein. Die Ebene der Liebe könnte
blutleer und abgehoben wirken, wenn wir uns von unserer Lust
abschneiden.

4. **Unio Mystica**[11]:Hier haben sich Eros und Logos auf einem sehr
bewussten Level miteinander vermählt. Nur von hier aus lassen
sich die zum Teil zutiefst erotischen Erfahrungsbeschreibungen
der alten Mystiker*innen oder Dichter*innen wie Rumi verstehen. Wenn du hier bist, bist du alles. Du erfährst die Einheit aller
Formen. Die ganze Welt ist dein Spiegelkabinett. Da die Idee der
Suche in sich zusammenfällt, findest du die Quelle aller Freude
in dir. Dies erklärt, warum weise und heilige Menschen meist
lächeln, auch wenn sie gerade fasten oder »nur« die Straße fegen.
Das Universum ist jetzt und hier durchtränkt von Ekstase. Wenn
wir uns komplett hingeben, so wie es zum Beispiel auch die persi-
schen Dichter Rumi und Hafis beschrieben, wird unser Verstand
ruhig und wir erfahren einen unglaublich feinen, nährenden
Seelensex mit dem gesamten Leben.

Mir liegt es sehr am Herzen, dich, Schwester, und möglichst viele von
uns für diese Urkraft Eros zu entflammen, denn sie fehlt unserer Welt
so sehr. Sie fehlt in Form von Sinnlichkeit, Heilkraft, Ästhetik, Freude, Mitgefühl und Lieben. Eros kann nicht um seinen Raum kämpfen.
Er kann sich nur in den Raum entfalten, den wir ihm bieten. Das Patriarchat hat Eros in Seitennischen verdammt.

○ **Schönheit?** Wir haben wahre, natürliche Schönheit pervor-
tiert und in eine Geißel für fast jede Frau* verwandelt.

○ **Sex?** Die wahrscheinlich filigranste und komplexeste Form
menschlicher Begegnung haben wir auf Pornos, platte Sprüche
und so viel Unerfülltheit in Ehen reduziert. Wir *lernen* gezielt

Mathematik und Geografie, aber Sex sollen wir alle irgendwie nebenbei begreifen.

○ **Kunst?** Bis auf wenige Ausnahmen müssen die meisten Künstler*innen so hart um ihr ökonomisches Überleben kämpfen. Kunst bringt halt erst mal keinen Umsatz.

○ **Heilung?** O ja, wir reden gern in höchsten Tönen von den Vertreter*innen der Heilberufe. Aber werden sie wirklich wertgeschätzt? Bekommen sie ausreichend Zeit für die Patient*innen und auch für ihre eigene Regeneration?

○ **Lieben?** Ich glaube, dazu brauche ich nichts zu schreiben. Schau dir die Welt an.

Doch ich möchte dich nicht frustrieren. Ich will dich liebevoll-erotisch herausfordern. Wir können uns ewig und drei Tage über die Umstände beklagen oder wir beginnen eine sanfte Eros-Revolution. Denn diese Superpower ist nicht irgendwo da draußen. Sie pulsiert in unserem Herzen. Sie glüht in unseren Lenden. Ich würde dir jetzt gern direkt in die Augen schauen, deine Hände spüren und dir zurufen:

Egal, wie alt du bist,
egal, was dir die Stimmen in deinem Kopf oder
die der anderen über deine Schönheit erzählen,
egal, wie frustriert oder mittlerweile verdörrt du dich fühlst,
du bist eine Hüterin von Eros!
Du bist ein lebendiger Tempel von Eros.
Seine Quelle liegt in dir.

Vielleicht liegt Eros verschüttet unter deiner Alltagsverhärtung, deinen schmerzhaften Erfahrungen oder deinem Nichtwissen, wie es gehen soll. Doch die Quelle ist immer da. Das geht gar nicht anders. Lege sie wieder frei, Schwester. Hol dir deine Freude, deine Lust, deine Ekstase zurück. Vergiss niemals: Du hast das Recht auf ein Leben in Freude! Und bitte verstehe: Eros kann nicht darum kämpfen, gehört und gefühlt zu werden. Das liegt nicht in seiner Natur. Du musst ihn einladen und ihm Raum geben. Das ist alles, was diese Kraft braucht. Du gibst ihr Raum, indem du tiefer atmest – bis in dein Becken, am besten jetzt gleich. Du gibst ihr Raum, indem du tanzt – täglich, am besten nackt. Du gibst ihr Raum, indem du dich selbst liebevoll und lustvoll berührst, um dich daran zu erinnern, wie es sich anfühlt, wenn du erglühst: Lass die Lava aufsteigen und alle verstopften Kanäle freibrennen. Du gibst ihr Raum, indem du dir das Recht herausnimmst, frei und ehrlich über Sex zu sprechen. Lies darüber. Sprich darüber.

Ich brauche dir nicht zu erzählen, was du brauchst, damit du Freude, Wärme und Verbundenheit empfindest. Das weißt du. Die Frage ist: Nimmst du dich endlich ernst und verwandelst deine Umgebung, sodass sie ein Tempel von Eros wird? Du weißt, was du brauchst, um dich selbst oder andere zu heilen. Bring es ein. Wir sind wunderschöne Königinnen, liebe Schwester. Wenn wir Eros einladen, können wir es auch fühlen. Liebe Frau*, wir brauchen dich. Du wirkst nicht nur für dich allein. Mit allem, was du tust, stärkst du auch das Feld für uns alle. Die Erde braucht die heilsame Kraft des Eros zurück. Wir Menschen brauchen die Lust und die Liebe. Bitte küsse dich wach. Und dann verschenke dich ganz.

SELBSTERFORSCHUNG UND UMSETZUNG

Was sind deine wichtigsten Erkenntnisse aus diesem Kapitel?

_____

_____

_____

_____

Was sind deine wichtigsten Schlussfolgerungen aus diesem Kapitel?

_____

_____

Die Freude in deinem Leben

Wie viel Freude erlebst du meistens in deinem Leben? Bewerte sie auf einer Skala von 1 bis 7. Kreise ein.

(1 = »Ich bin extrem unerfüllt.«, 7 = »Ich bin sehr glücklich, besser geht es nicht.«)

1   2   3   4   5   6   7

Zähle fünf Situationen oder Handlungen auf, die dir Freude rauben.

1. _____

2. _____

3. _____

4. _____

5. _____

Zähle sieben konkrete Situationen oder Handlungen auf, die dir Freude schenken.

1. _____

2. _____

3. _____

4. _____

5. _____

6. _____

7. _____

Bist du bereit, dich aktiv für mehr Freude in deinem Leben einzusetzen?

☐ ja   ☐ nein

Was wirst du in den kommenden 72 Stunden konkret dafür tun?

_____

_____

_____

Die Liebe in deinem Leben

Wie viel Liebe erlebst du meistens in deinem Leben? Bewerte auf einer Skala von 1 bis 7. Kreise ein.

(1 = »Ich bin extrem unerfüllt.«, 7 = »Ich bin sehr glücklich, besser geht es nicht.«)

   1   **2**   **3**   **4**   **5**   **6**   **7**

Zähle fünf Situationen oder Handlungen auf, die deiner Liebe nicht guttun.

1. _____

2. _____

3. _____

4. _____

5. _____

Zähle sieben konkrete Situationen oder Handlungen auf, die deine Liebe stärken.

1. _____

2. _____

3. _____

4. _____

5. _____

6. _____

7. _____

In welcher Beziehung würdest du gern noch tiefer lieben?

_____

_____

_____

_____

Der Sex in deinem Leben

Wie erlebst du deine aktuelle sexuelle Erfüllung? Bewerte auf einer Skala von 1 bis 7. Kreise ein.

(1 = extrem unerfüllt, 7 = ausgezeichnet)

1   2   3   4   5   6   7

Wie schätzt du dein Wissen über Sex auf einer Skala von 1 bis 7 ein? Kreise ein.

(1 = gar nicht vorhanden, 7 = ausgezeichnet)

1   2   3   4   5   6   7

Auf einer Skala von 1 bis 7, wie wohl fühlst du dich als sinnlich-sexuelles Wesen in deiner Haut? Kreise ein.

(1 = sehr unwohl, 7 = sehr wohl)

1   2   3   4   5   6   7

Wie schätzt du die Erfahrung von Freiheit in deiner Sexualität auf einer Skala von 1 bis 7 ein? Kreise ein.

(1 = gar nicht vorhanden, 7 = ausgezeichnet)

1   2   3   4   5   6   7

Wie schätzt du die Ehrlichkeit deiner Kommunikation zu sexuellen Themen auf einer Skala von 1 bis 7 ein? Kreise ein.

(1 = sehr unehrlich, 7 = absolut ehrlich)

1   2   3   4   5   6   7

Wenn dieses Kapitel ein echtes Wunder in deiner Sexualität bewirken könnte, was würdest du dir wünschen?

_____

_____

Wärst du bereit, für dieses Wunder mehr Zeit und Energie als bis jetzt zu investieren?

☐ ja　　☐ nein

Wärst du bereit, für dieses Wunder ehrlicher mit deiner Partnerin oder deinem Partner über Sex zu sprechen?

☐ ja　　☐ nein

Beschreibe deine Beziehung zu deiner Sexualität und zu Sexualität überhaupt.

_____

_____

_____

Wie beeinflusst deine Beziehung zu Sex deine Selbstachtung?

_____

_____

_____

_____

Wo in deinem Leben fühlst du sexuelle Energien, Interessen und Kräfte am Wirken?

_____

_____

Wenn du völlig frei wählen könntest, wie sähe deine Form würdevoller Sexualität aus?

_____

_____

_____

_____

Wo und wie traust du dich noch nicht, deine passende Form gelebter Sexualität zu erforschen, anzusprechen und umzusetzen?

_____

_____

_____

_____

Wo und wie lebst du Sex in einer Form, die dir nicht guttut?

_____

_____

_____

_____

Wovor hast du Angst? Was kosten dich deine Ängste auf Dauer?

_____

_____

_____

Erlaubst du dir, alles zu fühlen, _und_ hast du in Bezug auf Sexualität klare Werte? Kennst du die Linie, die du nicht überschreiten würdest?

_____

_____

_____

Benenne deine Werte bezüglich Sexualität.

_____

_____

_____

Was würdest du im Sex gern verbessern und verfeinern?

_____

_____

_____

Befriedigst du dich selbst? Wenn ja, wie? Fühlt es sich gut, würdevoll, liebevoll an? Wenn nein, warum nicht?

In welcher Beziehung ist es Zeit, in Bezug auf Sex reinen Tisch zu machen?

Nimmst du dir regelmäßig Zeit, mit deiner Partnerin oder deinem Partner ehrlich und genau über Sex zu sprechen? Ist dies vielleicht ein guter Zeitpunkt?

Wie kannst du deine unteren Energiezentren mehr beleben und integrieren?

Empfehlungen zur Vertiefung

Ritual I: Lade Eros ein

Stell dir vor, dein Körper und dein Geist können ein Tempel für Eros sein. Nimm dir Zeit für dich allein. Vielleicht möchtest du eine Kerze anzünden, einen zarten Duft versprühen. Tanze ein paar Minuten zu deiner Lieblingsmusik. Berühre dabei auch immer wieder zart dein Gesicht, dein Herz und deinen Schoß. Atme tief ein und aus. Rufe Eros in deinen Körper. Dann, wenn du richtig in dir bist, schreibe einen Liebesbrief an Eros. Schreibe dieser Kraft, worum du sie bittest. In welchen Bereichen willst du mehr Heilung, Schönheit, Freude, Lust und Liebe erfahren? Schreibe es auf.

Und dann bitte Eros, deine Hand zu übernehmen und dir jetzt zu schreiben, was sich diese Urkraft von dir wünscht, um sich mehr zeigen zu können.

Mögliche Intensivierung dieses Rituals: Stell dich zu Beginn des Rituals nackt vor einen großen Spiegel. Schau dir deinen Körper ganz genau an und sei ehrlich mit dir selbst. Liste – am besten laut – auf, was du alles schön findest und was du nicht magst. Dann leg deine Hände auf die von dir (noch) abgelehnten Stellen. Atme über deine Hände in diesen Bereich und denke oder sage laut: »Ich bin bereit, meine ganze Liebe in diesen Körperteil zu bringen. Ich bitte Eros, mir die Schönheit zu offenbaren und sie mich auch fühlen zu lassen.« Wenn du magst, kannst du auf die von dir benannten Körperteile ein kleines Herz malen oder ein Wort schreiben. Gehe anschließend zum Tanz (siehe oben) über.

Ritual II: Ein neuer Tagesbeginn

Bleibe nach dem Aufwachen von nun an jeden Tag noch ein paar Minuten im Bett liegen. Nimm die folgenden Fragen mit in deinen Tag, indem du sie jeden Morgen ehrlich in Gedanken für dich beantwortest:

Was bräuchte mein Eros jetzt, damit er sich entspannen und voller Freude entfalten kann?

Wie könnte ich jetzt noch mehr Freude, Genuss, Lust und Liebe erfahren?

Downloadbereich:

- Unter go.homodea.com/queen findest du das Video »Eros – deine Superpower«, das dir dabei hilft, deinen Geist zu dehnen und dein Herz zu stärken.
- Ebenfalls findest du dort die heilende, sinnliche Meditation mit mir, »Hüterin des Wassers«, mit der du in das Licht der bedingungslosen Liebe eintauchen kannst.

Buchtipps:

- Ann-Marlene Henning und Tina Bremer-Olszewski: *Make Love. Ein Aufklärungsbuch.* Goldmann, 2017
- Margot Anand: *Tantra oder Die Kunst der sexuellen Ekstase.* Goldmann, 1995
- Diana Richardson: *Zeit für Liebe. Sex, Intimität und Ekstase in Beziehungen.* Innenwelt Verlag, 2016
- Diana Richardson: *Zeit für Weiblichkeit. Der tantrische Orgasmus der Frau.* Innenwelt Verlag GmbH, 2004
- Alan P. Brauer und Donna J. Brauer: *ESO. How You and Your Lover Can Give Each Other Hours of Extended Sexual Orgasm.* Hachette Book Group, 2001

Filmtipps:

- Philip Delaquis (Produktion); Barbara Miller (Regie): *#Female Pleasure. Fünf Kulturen, fünf Frauen, eine Geschichte.* 2018
- Tracey Becker (Produktion); Tanya Wexler (Regie): *In guten Händen.* 2011
- Katie Cordeal u. a. (Produktion); Karen Maine (Regie): *Yes, God, Yes. Böse Mädchen beichten nicht.* 2019

Become a lesbian?

 These: Es ist überfällig, dass wir gemeinsam die sexuell-binäre Trance verabschieden und uns für die Tatsache öffnen, dass es nicht zwei Geschlechter, sondern 7,8 Milliarden[12] sexuelle Farbvariationen auf dem Regenbogen gibt. Würdevolle Sexualität bedeutet, dir selbst das Recht herauszunehmen, deinen Eros voll zu fühlen und zu erfüllen, und dies auch anderen Menschen zuzugestehen.

Vielleicht hast du dich bei der Überschrift direkt gefragt: Was soll denn das hier werden? Natürlich geht es mir nicht darum, dass wir alle lesbisch werden sollen. Ich wünsche mir vielmehr, dass wir uns für den ganzen Regenbogen der Geschlechter und die vielen wundervollen Formen der Liebe öffnen. Ich wünsche mir sehr, dass wir einander sensibilisieren. Dass wir den Mut entwickeln, offen in uns hineinzuspüren, wer wir wirklich sind in Bezug auf Körper, Sexualität, Gefühle, Grenzen, Vorlieben und Erfüllung.

Wir alle – bis auf die jüngeren Generationen vielleicht – sind in einer tiefen kollektiv verankerten binären Geschlechtertrance aufgewachsen, die vor allem auf zwei alten Dogmen beruht:
1. Es gibt nur zwei eindeutige Pole, also Frau* und Mann*.
2. Nur die Anziehung zwischen diesen beiden Geschlechtern, also Heterosexualität, ist natürlich.

Mittlerweile ist es in den Köpfen der meisten aufgeklärten Menschen angekommen, dass dies nicht so ist, doch wie sieht es mit unseren Herzen aus? Begegnen wir Menschen, die »anders« sind, herzlich und neugierig offen oder doch eher verklemmt und mit Vorbehalt? Ist dir bewusst, dass Menschen jenseits der binären Norm in vielen Ländern der Welt mit brutalen Strafen, von Stockhieben, Gefängnis bis hin zu Tod, zu rechnen haben?[13] Vielleicht denkst du: *Ja, aber nicht bei uns.* Natürlich ist es bei uns *nicht so schlimm,* doch auch in einem Land wie Deutschland existieren noch viele rechtliche Diskriminierungen, ganz zu schweigen von den alltäglichen Erfahrungen der Bedrohung, Beleidigung und verächtlichen Blicke. Selbst die größte aller Kirchen, die katholische, verweigert noch heute homosexuellen Paaren den Segen.[14] Nicht, dass diese den Segen wirklich bräuchten, aber manche Menschen wünschen ihn sich sehr und es ist ein Ausdruck tiefer Verwurzelung des Unglaubens, dass Liebe nicht unabhängig vom Geschlecht als natürlich und gottgegeben angesehen wird.

Ich möchte dir eine Geschichte aus meinem Leben erzählen. Ich habe eine wunderbare Tochter, Leona, geboren und großgezogen. Unsere Familie hat – gemessen an der Norm – schon immer verrückt und wild gelebt. Wir waren sehr viel unterwegs – im Außen und Innen. In unseren Seminaren ging es oft wild her. Veit und ich lieben es, geistige Grenzen sanft zu sprengen und Bewusstsein immer weiter zu dehnen. Ich habe mich deshalb stets für eine sehr offene Person gehalten. Unsere Tochter wuchs heran und erblühte und wir freuten uns riesig auf den Moment, wenn sie uns ihren ersten Freund vorstellen würde. Das tat sie dann irgendwann auch. Allerdings war es eine Frau*. Ha! Wir haben ihre Freundin vom ersten Tag an in unser Herz geschlossen, doch es war megaspannend zu erleben, wie unser Gehirn erst einmal völlig irritiert war. Wir waren in einer binären Erwartungshaltung unserer Tochter gegenüber eingeschlafen. Wir sind für diesen Wachrüttler sehr dankbar. Leona hat uns in eine für uns neue Welt eingeführt, in der es eben nicht nur hetero-, sondern auch homo-, bi-, pan- und transsexuelle Menschen gibt. Sie spiegeln alle genauso die Norm wider wie wir oder besser ausgedrückt: Es gibt in Wahrheit keine Norm. Jeder Mensch ist ein einzigartiger Ausdruck auf einem riesigen Regenbogen der Sexualität. Mir ist es aus zwei Gründen wichtig, diese binäre Trance in uns zu erschüttern und zu verabschieden. Erstens, eine wahre Königin grenzt nicht aus. Sie schließt ein und sie lenkt ihr Augenmerk besonders auf diejenigen, die noch nicht im Mittelpunkt der Gesellschaft stehen. Denn falls du denkst, ich schreibe hier von wenigen Ausnahmen, dann hast du dich geirrt. In Deutschland fühlen sich offiziell mehr als 7 Prozent der Menschen der sogenannten queeren Szene zugehörig.[15] Die Dunkelziffer ist wahrscheinlich höher. Das heißt, wir reden hier von 7 von 100 Menschen, die sich durch das starre herkömmliche Raster nicht angesprochen und deshalb diskriminiert fühlen. Wollen wir bei diesen Zahlen tatsächlich immer noch von einer »Minderheit« sprechen? Und ich sage dir was: Wenn es nur zehn Menschen in unserem ganzen Land beträfe, wäre es genauso unsere Verantwortung, sie in unsere Mitte zu holen.

Zweitens bin ich überzeugt davon, dass wir alle sehr viel von der LGBTQI+-Gemeinschaft lernen können, und zwar nicht nur intellektuell. Sexualität ist *das* heißeste Thema unseres Lebens. Darin verbirgt sich so viel Power, Lust, Kreativität[16], aber auch Verletzbarkeit und Angst. Wenn wir in einer geistigen Umgebung aufwuchsen, die uns diesbezüglich Schwarz-Weiß-Denken und -Fühlen lehrte, besteht die große Wahrscheinlichkeit, dass wir unsere wahre Sexualität in ihrer einzigartigen Variation gar nicht kennen. Die Norm wird zum moralischen Gefängnis unserer Empfindungen. Was bedeutet es für ein immenses Leid für unsere Kinder, wenn sie irgendwann merken, dass sie anders sind, und sich nicht trauen, dies neugierig und offen zu erforschen? Vielleicht, weil sie gehört haben, wie die Eltern verächtlich über Schwule sprachen. Wie viel pseudocoole Verklemmtheit müssen erwachsene Männer* untereinander an den Tag legen, weil sie fürchten, eine enge Umarmung oder ein zärtliches Gefühl dem Freund gegenüber könnte sie mit Homosexualität »anstecken«? Oder wie viele Frauen* sehnen sich danach, auch mal eine andere weibliche Brust anzufassen, nicht verschämt, sondern sinnlich?

Du musst nicht jeden Impuls ausleben, wenn du das nicht möchtest, doch es ist so gesund und vital, dir zu erlauben, alles zu fühlen. Vielleicht bist du mit deinem Schwerpunkt heterosexuell, entdeckst aber auch einen homosexuellen Anteil und kannst den endlich entspannt genießen. Wichtig ist, dich erst einmal aus dem Gefängnis der vorgegebenen Normen zu befreien und dich selbst zu ermutigen, deine Sexualität frei und fein zu empfinden. Ich möchte dir dazu ein Bild anbieten: Deine Seele ist weder männlich noch weiblich. Sie ist pures Licht. Sie kennt keine Schuld, keine Moral, nur pure Freude. In einer perfekten Welt hätte sie, wenn sie in einem Körper inkarniert, die volle Erlaubnis ihrer Umgebung, die eigene sexuelle Ausdrucksform frei von allen Erwartungen spielerisch zu entdecken und zu feiern. Sie würde frei spüren, wann ihr Eros mit dem Eros eines anderen Wesens in Resonanz tritt. Vielleicht fühlt sie sich schon erregt, wenn ein warmer Sommerregen ihre Haut berührt, da sie Eros in der gesamten Natur wahrnimmt. Wenn sie die erotische Resonanz anderer Menschen gegenüber spürt, geht es nicht darum, alles sofort ausleben zu müssen. Sie würde diese feine energetische Vibration erst einmal voll genießen, weil sie weiß, dass diese sinnliche Freude ihr Geburtsrecht ist. Dann würde sie sich bewusst entscheiden, ob sie sie mit einem anderen Wesen teilen würde. Sie würde sich Spielpartner*innen suchen, die auch mit ihr in erotischer Resonanz stehen und Lust auf ein gemeinsames, würdevolles, freudvolles Spiel haben.

Ich träume noch etwas weiter: Wir würden Kinder und Jugendliche darin ermutigen, sich selbst offen zu entdecken. Wir hätten erotische Intelligenz als Schul- und Studienfach, in dem wir alle lernen, das feine Ausschlagen unserer sinnlichen Antennen wahrzunehmen und zu begrüßen. Wir würden einander mit Respekt begegnen und anstatt uns in Norm und Nichtnorm, in Mann* und Frau* einzuteilen, würden wir uns als lustvolle Wesen erkennen und bejahen. Wir würden verstehen, dass unsere Sexualität zeitlebens ein lebendiger Strom ist, der mal reißend und wild und dann wieder sehr still und zurückhaltend fließt. Der sich vielleicht auch manchmal asexuell anfühlt oder sich überraschenderweise »einem anderen Ufer« zuwenden möchte. Wir würden das Phänomen, dass manchmal eher weiblich gepolte Seelen in einem männlichen Körper inkarnieren und andersherum, nicht verleugnen oder ablehnen, sondern achtsam und staunend erforschen – mit sehr viel Respekt für das betroffene Wesen. Es gäbe keine sexuell frustrierten Popen mehr, die sich anmaßen, im Namen Gottes Menschen aus der Kirche auszuschließen. Sexarbeiter*innen, die sich ihren Beruf aus freien Stücken und von ganzem Herzen ausgesucht haben, würden kein Nischendasein führen, sondern wären geachtet als Hüter*innen des Eros, in deren Tempel Menschen, die gerade allein sind oder sich tiefer kennenlernen möchten, Ermutigung und Heilung finden. Paare müssten ihre offenen Fragen und Probleme nicht mehr wie ein Geheimnis hinter verschlossenen Türen hüten und so langsam ihre Sexualität ersticken. Sie würden offen und ehrlich miteinander, aber eben auch mit weiteren aufmerksamen Mitmenschen sprechen. Sie würden sich nicht schämen für Phasen des Wandels und des Suchens, sondern verstehen, dass eine Paarbeziehung auch bedeutet, lebenslang die beiden sexuellen Ströme immer wieder frisch wahrzunehmen und Möglichkeiten zu finden, die beide Seiten erfüllen.

Berührt dich diese Vision genauso wie mich? Ich kann sie fühlen als reale Möglichkeit, und gleichzeitig zeigt sie mir schmerzhaft, wie weit wir noch weg sind von der Kultur einer würdevollen Sexualität für jeden Menschen. Es ist mir wichtig, dass du verstehst, dass es mir nicht darum geht, dich zu drängen. Ich habe genauso Respekt vor dem Priester, der seinen Eros ausdrücklich nur Gott weiht, wie vor dem aus Freiheit monogam lebenden Paar oder denen, die sich in wilden Orgien ausleben wollen.

Was ich mir für uns alle wünsche,
ist der Mut, all unseren sexuellen Facetten Raum zu geben,
sie zu fühlen und in Aktion zu gehen,
wenn wir das wollen.

Was ich mir wünsche, ist, dass wir unsere eigene sexuelle Orientierung niemandem aufzwingen, sondern jedes Wesen so respektieren und schätzen, wie es ist. Unser Sex ist oft mit so viel Scham und Angst verknüpft. Wir fürchten, dass unsere Beziehung die Wahrheit nicht erträgt. Wir fürchten gesellschaftliche Sanktionen und wahrscheinlich am meisten fürchten wir den Kontrollverlust. Also verbieten wir uns – lange bevor es um konkrete Umsetzungen geht –, alles zu fühlen und zu denken. Dabei ist Sexualität eine der bedeutsamsten Quellen unseres Selbstwertes und unserer Kreativität. Kappen wir den Zugang dazu, scheint das Licht unserer Seelen grauer. Wir verlieren auch in anderen Bereichen an Vertrauen und Esprit.

Also, sag du es mir: Wenn du durch die Straßen deiner Stadt gehst, erlaubst du dir, deine volle sexuelle Vibration zu spüren – von der kleinen Zehe bis zum Scheitel? Erlaubst du dir, in deinen Beziehungen Bilder aufsteigen zu lassen, Wünsche klar zu äußern, Grenzen eindeutig zu setzen? Lebst du aus, was dir gefällt und was dich glücklich macht? Wo hast du dich in eine unnatürliche asexuelle Blase zurückgezogen, weil es dir bis jetzt nicht gelungen ist, dich frei zu fühlen und zu erfüllen?

Ich möchte dich von Herzen einladen, ab jetzt allen andersartig sexuell orientierten Menschen mit mehr Toleranz und Neugier zu begegnen, aber vor allem dir selbst! Du hast das Recht auf eine erfüllte, würdevolle Sexualität. Würdevolle Sexualität bejaht alle Menschen in ihrem Wert und ihrer Einzigartigkeit. In würdevoller Sexualität kommen bewusste Menschen in einem freiwilligen Konsens zusammen, um sich voller Freude Lust zu bereiten. Würdevolle Sexualität ist eine der Grundvoraussetzungen für den Frieden deiner Seele und den Frieden auf Erden.

SELBSTERFORSCHUNG UND UMSETZUNG

Was sind deine wichtigsten Erkenntnisse aus diesem Kapitel?

Was sind deine wichtigsten Schlussfolgerungen aus diesem Kapitel?

_____

_____

_____

Sexuelle Freiheit

Wie sehr gestattest du dir auf einer Skala von 1 bis 7, sexuell alles zu fühlen? Kreise ein.
(1 = gar nicht, 7 = vollkommen)

1   2   3   4   5   6   7

Wie sehr gestattest du dir auf einer Skala von 1 bis 7, sexuell alles zu denken? Kreise ein.
(1 = gar nicht, 7 = vollkommen)

1   2   3   4   5   6   7

Wie sehr gestattest du dir auf einer Skala von 1 bis 7, sexuell alle Gedanken, Wünsche und Grenzen offen zu kommunizieren? Kreise ein.
(1 = gar nicht, 7 = vollkommen)

1   2   3   4   5   6   7

Gibt es etwas, wofür du dich deiner Sexualität schämst?

_____

_____

_____

Möchtest du diese Scham jetzt gern heilen?

☐ ja   ☐ nein

Welcher Ansatz, welche Idee oder welcher Mensch könnte dir dabei helfen, die ersten Schritte dieser Heilung zu initiieren?

_____

_____

_____

_____

Was hältst du sexuell an Gefühlen, Gedanken und Kommunikation zurück?

_____

_____

_____

_____

Was kostet dich deine Zurückhaltung auf Dauer?

_____

_____

_____

_____

Wenn du dir vorstellst, du würdest wirklich alles intensiv fühlen und auch ehrlich aussprechen, welche positiven Fantasien, aber auch Ängste löst das in dir aus?

Was würdest du gern in Bezug auf deine Sexualität frei und ohne Scham fühlen und denken können?

Was würdest du gern in Bezug auf deine Sexualität frei und ohne Scham aussprechen können?

Gibt es eine wichtige Person in deinem Leben, der gegenüber du ehrlicher über dieses Thema sprechen musst? Wenn ja, was würdest du ihr gern sagen?

_____

_____

_____

_____

Was würdest du gern mit dieser Person gemeinsam sexuell-sinnlich erleben?

_____

_____

_____

_____

Bist du bereit, die Gelegenheit zu nutzen und mit diesem Menschen ehrlich zu sprechen?

☐ ja ☐ nein

Gibt es einen sexuellen Wunsch, den du dir unbedingt erfüllen willst, bevor du stirbst?

_____

_____

Worauf wartest du?

_____

_____

_____

_____

Sexuelle Toleranz und Neugier

Welche andersartig sexuell orientierten Menschen oder Menschengruppen triggern dich?

_____

_____

_____

_____

Warum? Welche konkreten Vorurteile oder Ängste hast du ihnen gegenüber?

_____

_____

_____

_____

Bist du bereit, diese zu hinterfragen?

☐ ja ☐ nein

Wärst du bereit dazuzulernen, indem du zum Beispiel ein Buch darüber liest oder mit einem dieser Menschen offen sprichst?

☐ ja ☐ nein

Was könnten dazu konkrete Schritte sein? Welche Personen fallen dir ein, die du respektvoll kontaktieren und fragen könntest? Welche Bücher oder Filme könntest du dazu lesen bzw. schauen?

Welche sexuelle Fantasie, die du dir noch nicht erfüllt hast, klopft immer wieder in dir an? Und warum?

Empfehlungen zur Vertiefung

Ritual: Begrüße und befreie deine Lust

Gönne dir etwa eine Stunde Zeit und finde einen geschützten, gut gewärmten Raum. Suche dir einige Musikstücke heraus, die du als sinnlich empfindest. Reflektiere zunächst schriftlich, wie du deine Sexualität im Augenblick erlebst. Ich weiß, das kann auch wunde Punkte berühren, doch sei so ehrlich wie möglich. Was empfindest du als schön und erfüllt? Was ist unstimmig und unerfüllt? Welche offenen Fragen, Wünsche und Ängste bewegen dich dazu? Nutze auch gern die Fragen aus diesem Buch als Anregung.

Dann kommt der nächste Schritt, den du eventuell als eine echte Mutprobe empfindest: Zieh dich nackt aus. Du bist ja allein. Mach die Musik an. Lege eine Hand ganz behutsam auf dein Herz, die andere auf deinen Schoß. Atme tief in deinen Körper hinein und bitte Eros, in dich einzuströmen und dich zu durchfluten. Warte, bis sich dein Körper von selbst bewegen will. Vielleicht ganz zart oder sehr wild. Fühle die ganze Zeit die Verbindung zwischen Schoß und Herz. Atme noch tiefer in deinen Körper. Fühle deine Lebendigkeit, deine Sanftheit, deine Verrücktheit, deine Lust. Sag JA zu dir. Stell dir vor, du würdest in einer Welt leben, in der du keine Angst vor Konsequenzen hättest. Was würdest du dir erlauben zu empfinden? Welche Wünsche würdest du gern angehen? Vergiss das Wie. Folge der Sehnsucht und lass die Bilder kommen.

Wenn du aufhören möchtest, setze dich wieder und schreibe jetzt unzensiert auf, wie du dir deine würdevolle Sexualität erträumst. Behalte dabei immer im Hinterkopf: Du hast das Recht, glücklich zu sein. Deine Lust gehört dir und du kannst einen Weg finden – egal, wie alt du bist –, diese würdevoll und erfüllt auszudrücken. Schreib dein sexuelles Manifest! Halte dich nicht mit der Begründung davon ab, dass du (noch) nicht weißt, wie du dir das erfüllen kannst. Mach dir vielmehr bewusst, dass dir alles zusteht und dass alles möglich ist.

Downloadbereich:

- Unter go.homodea.com/queen findest du einen Vortrag zum Thema »Eros«.
- Ebenfalls findest du dort zwei berührende Interviews, eines mit unserer Tochter Leona und eines mit Körperforscherin und Bestsellerautorin Ilan Stephani.

Buchtipps:

- Katja Lewina: *Sie hat Bock.* DuMont Buchverlag, 2021
- Diana Richardson: *Zeit für Liebe. Sex, Intimität und Ekstase in Beziehungen.* Innenwelt Verlag GmbH, 2013
- Diana Richardson: *Zeit für Weiblichkeit. Der tantrische Orgasmus der Frau.* Innenwelt Verlag GmbH, 2004
- Johanna Kramer: *Wir können alles sein.* Nova MD, 2019
- Lennart Lindgren: *Du bist nicht allein! LGBTQIA+ Community Handbuch. Schritt für Schritt – Inneres und äußeres Coming-out.* Independently published, 2020
- Ilan Stephani: *Lieb und teuer. Was ich im Puff über das Leben gelernt habe.* Ecowin, 2021
- Sabine Lichtenfels: *Weiche Macht. Perspektiven eines neuen Frauenbewusstseins und einer neuen Liebe zu den Männern.* Meiga, 2017

Filmtipps:

- Janet Mock u. a. (Produktion); Ryan Murphy, Brad Falchuk, Steven Canals (Idee): *Pose.* Veröffentlicht auf Netflix, 2018
- Sylvain Desmille (Regie): *Lustvolle Befreiung – Die sexuelle Revolution.* 2018

Fordern, betteln, einladen

 These: Eine Königin fordert nicht, denn sie kann und will niemanden zu etwas zwingen. Eine Königin bettelt nicht, denn sie kennt ihren Wert. Eine Königin weiß um ihre Vision und lädt ein, sie mit ihr gemeinsam zu verwirklichen. Dann lässt sie los, denn sie vertraut, dass die richtigen Gefährt*innen die Einladung hören und freudig antworten werden.

Weißt du, was die mit Abstand am häufigsten gestellte Frage von Frauen* ist, wenn sie ins Beziehungscoaching oder in unsere Seminare kommen? Es ist nicht etwa:»Wie komme ich in meine volle Kraft?« Es ist auch nicht:»Wie kann ich in mir vollständig frei und glücklich sein?« Die meistgestellte Frage ist tatsächlich:»Wie bekomme ich meinen Mann* dazu, dass er mitzieht? Dass er sich aus sich heraus entwickelt?« Ist dies nicht bemerkenswert und gleichzeitig traurig?

Natürlich trifft das nicht auf jede Frau* zu. Vielleicht ist dies auch nicht dein Thema. Doch bevor du deshalb dieses Kapitel überspringst, bitte ich dich, ehrlich mit dir selbst zu sein: Wie viel Zeit und Energie verbringt dein Geist auf der Baustelle deines Partners oder deiner Partnerin? Und welche Gefühle bringen diese Gedanken mit sich? Fühlen sie sich stark und würdevoll an oder machen sie dich eher klein?

Die Frage danach, den Mann* zum Mitziehen zu bekommen, taucht in verschiedenen Variationen auf:»Ich mache gerade einen echten Bewusstseinssprung, aber meinen Mann* interessiert das nicht.« Oder:»Unser Sex ist verödet. Wir müssen etwas tun, doch mein Mann* will nicht darüber reden, geschweige denn dazulernen.« Oder:»Wir entwickeln uns auseinander. Ich habe schon so oft um regelmäßige Gespräche gebeten, doch er sitzt lieber vor der Glotze.« Oder, die für mich vielleicht tragischste Variante:»Ich habe seit Jahren eine geheime Affäre mit einem verheirateten Mann*. Er hat mir tausendmal die Trennung versprochen, doch er kommt immer wieder mit neuen

Ausreden.« Vielleicht klingen all diese Beispiele für dich etwas abge-
droschen, doch ich habe sie tatsächlich in all ihren verschiedenen Ab-
wandlungen gehört. Viele der Frauen*, die mir diese Fragen gestellt
haben, wussten – rein intellektuell – um ihre Kraft, ihre Leistung und
ihren Wert. Doch sie brachten sich immer wieder in Situationen, in
denen sie frustriert forderten oder kleinlaut bettelten. Damit muss
Schluss sein!

Lass uns dieses Thema genauer untersuchen. Ist es verständlich,
dass du dir wünschst, dass der Mann*, den du auserwählt hast, mit
dir mitzieht und mit dir gemeinsam ein wundervolles Leben aufbaut?
Ja! Wir Frauen* sind die Hüterinnen von Eros, ausgestattet mit einem
tiefen Instinkt für die wahren Möglichkeiten einer Beziehung. Wenn
wir diese nicht leben, sondern im Mittelmaß vor uns hindümpeln,
dann dürstet unsere Seele. Bejahe den Durst, Schwester! Die Frage ist:
Wie bekommst du ihn gestillt? Es gibt drei Arten, wie wir Frauen* dies
versuchen, und ich bitte dich, genau in dich hineinzuspüren, wenn
ich sie dir im Folgenden vorstelle. Welche dieser Formen wendest du
hauptsächlich an?

Die erste Form ist das Einfordern. Vorab sei gesagt, dass ich hier
alle durch Gesetze und gemeinsame Vereinbarungen legitimierten
Forderungen ausdrücklich ausklammere. Ihr lasst euch scheiden und
habt Kinder? Dann gibt es gesetzlich festgelegte Forderungen. Ihr ver-
einbart, dass er das Kind aus dem Kindergarten abholt oder dass ihr
euch zu eurem Date pünktlich trefft? Dann kannst und musst du das
einfordern. Das Fordern, das ich hier meine, entspringt dem inneren
Standpunkt, das Gegenüber, meistens der Mann*, würde uns etwas
schulden, sei es Treue, Aufmerksamkeit, Nähe oder etwas ganz anderes. Fordern kann auf Dauer nicht funktionieren, denn es basiert auf
einem gewaltigen Irrtum.

Hast du – schonungslos nüchtern – betrachtet, das Recht, von
irgendeinem Menschen Liebe einzufordern? Nein! Es existiert nir-
gendwo ein kosmisches Gesetzbuch, in dem geschrieben steht, dass
irgendein Mensch dir Liebe schuldet. Ich möchte hier keinesfalls den

Zeigefinger erheben, denn ich selbst kenne diese Ansicht sehr gut in meinem Leben. Ich rutsche auch manchmal in die Erwartungshaltung, mein Mann* schulde mir jetzt gerade etwas. Ich bin zuerst oft wütend, doch schließlich wirklich dankbar, dass Veit da meist nicht mitspielt. Hinzu kommt, dass unser Fordern von unserem Blind Spot ablenkt. Denn die Wahrheit ist, Schwestern: In dem Moment, in dem wir etwas von jemandem einfordern, machen wir das, weil wir gerade nicht fähig oder bereit sind, uns das selbst zu geben. Im Grunde genommen sagen wir:»He, ich schaffe es gerade nicht, mich selbst vollständig zu fühlen und Spaß mit mir zu haben. Ich fordere von dir, dieses Manko zu decken.« Männer* haben nicht wirklich viele Möglichkeiten, angemessen auf solch eine Forderung zu reagieren, da sie ja im Grunde gar nicht wirklich an sie gerichtet ist. Hinzu kommt: Wenn wir fordern, verlieren wir unser Zentrum und unsere Attraktivität. Unsere Stimmen werden giftig, hart und manipulierend. Wir verletzen uns damit am allermeisten, denn anstatt die Quelle unserer Power in uns zu suchen, projizieren wir sie auf den Mann*!

Schauen wir uns nun das Betteln an. Auch hier glauben wir, dass uns etwas fehlt. Doch wir kommen von dem Standpunkt, dass das, was wir bekommen möchten, uns in Wahrheit nicht zusteht. Es braucht große Courage, sich das einzugestehen. Denn letztendlich drücken wir dadurch eine tiefe Verachtung uns selbst gegenüber aus. Wir heben unser Gegenüber auf einen Sockel. Es hat die Droge, die wir brauchen. Wir gehen im Geist und manchmal tatsächlich körperlich vor ihm auf die Knie. Frauen*, die durch Betteln ihre Wünsche umsetzen möchten, sind anfällig für die Ausbeutung durch Narzisst*innen und Warteschleifen. Sie warten auch noch nach Jahren auf ihre Seelenpartnerin oder ihren Seelenpartner, der sich nur kurz mal zurückgezogen hat, um sich um sich zu kümmern. Ich formuliere es mit liebevoller Absicht so hart. Denn falls es dich betrifft, wünsche ich dir, dass dir das Schauen in den Spiegel so wehtut, dass du aufwachst, Schwester!

Nichts schwächt unseren Selbstwert so sehr wie Betteln.
Nichts senkt den Standard in unseren Beziehungen so sehr wie Betteln.

Wir ermutigen unser Gegenüber, uns offen oder insgeheim zu verachten und uns hin und wieder »großzügig« ein Bröckchen zuzuwerfen. Damit muss Schluss sein. Denn die Wahrheit ist – und dafür muss ich dich nicht persönlich kennen: Du bist eine Titanin des Lebens und du trägst die Quelle deiner Erfüllung in dir. Warum denken und fühlen wir es oft anders? Hier kommen wieder unser limbisches Gehirn und unsere Konditionierungen ins Spiel. Die länger zurückliegende Ursache ist unser evolutionäres Erbe. Der Mensch ist nicht aus dem Nichts entstanden, sondern aus der stetigen Fortentwicklung vieler Spezies, bei denen Weibchen meist Männchen existenziell für die Fortpflanzung und den Schutz brauchten. Dieser genetische Instinkt lässt sich nicht durch einen Doktortitel oder dein erfolgreiches Unternehmertum sofort komplett überschreiben. Die zweite Ursache liegt in unserer jahrtausendealten Konditionierung auf ganz bestimmte Rollen und co-abhängige Beziehungssysteme. Was haben uns denn unsere Eltern und Großeltern vorgelebt? Auch heute noch fühlen sich viele Frauen* unvollständig, obwohl sie eigentlich gar keine feste Partnerin oder keinen festen Partner an ihrer Seite *wollen*.

Besonders hervorheben möchte ich zwei Konstrukte: die Romantik und die Kleinfamilie. Die Romantik hat uns die Idee zweier unsterblich ineinander verliebter und durch das Schicksal füreinander bestimmter Seelen eingepflanzt. Dies wird auch heute noch durch Hunderte Hollywoodkomödien und Netflix-Serien angefeuert und fixiert uns auf den wahnsinnigen Gedanken, es könne nur *den einen* für uns geben. Wenn dann unser limbisches System seine volle Ladung an Neurotransmittern – vor allem Dopamin und Oxytocin – abfeuert, dann fühlen wir in unserer Liebestrunkenheit »ganz, ganz sicher«, dass dies der Richtige ist – auch wenn es leider aufgrund vergangener Prägungen zum hundertsten Mal ein verheirateter Mann* oder ein Arschloch ist. Die Idee der Kleinfamilie wiederum eicht zwei

Menschen auf die sehr begrenzte Idee, sie müssten nun alle Bedürfnisse übereinander abwickeln, nur weil sie beide einen Ring tragen und sich eine gemeinsame Wohnzelle teilen. Auch das ist Irrsinn! Ihr beide seid – vom Potenzial her – zwei Genies, mit jeweils 100 Milliarden Nervenzellen unter der Schädeldecke.[17] Der Versuch, die allein miteinander ausreichend zu befeuern, ist eine Beleidigung eurer Kreativität und muss zwangsläufig zu Frust führen.

Aufgrund dieser verschiedenen, sich überlappenden Konditionierungen kreiert dein limbisches System in bestimmten Situationen Emotionen wie Unsicherheit, Angst oder Bedürftigkeit, um dich zu manipulieren, dem »einzigen Männchen, das dich jemals glücklich machen kann« fordernd oder bettelnd hinterherzurennen.

Doch genug in der Wunde gewühlt! Kommen wir nun zur dritten und für uns wirklich spannenden Alternative – der Einladung. Egal, wie echt sich deine Gefühle der Bedürftigkeit anfühlen, sie spiegeln nicht die Wahrheit wider!

Du trägst alles, was du brauchst,
um glücklich zu sein, in dir.

Um das herauszufinden, musst du auf Entzug gehen. Du musst es dir verbieten, zu fordern oder zu betteln. Halte aus, was du dabei fühlst, und wende den Blick nach innen. Du trägst die Quelle deiner Ekstase in dir! Du weißt, wie du dir allein Lust bereiten kannst. Du weißt, wie du Einsamkeit in wohltuendes Alleinsein verwandeln kannst. Du weißt, wie du das Feld deiner Beziehungen so groß und lebendig entfalten kannst, dass du für dein Bedürfnis nach Austausch und Wachstum nicht auf einen Menschen angewiesen bist. Du weißt auch, wie du eine Partnerin oder einen Partner anziehen kannst, die bzw. der wirklich dich meint und bereit für die große Reise mit dir ist. Doch dafür willst du niemanden an deiner Seite, den du halb mitschleppen musst, korrekt? Du willst eine Person, die dich sieht und erkennt und deren Herz jubiliert, wenn du sie einlädst, mit dir die Freuden des Lebens zu teilen, sei es für eine Nacht oder für das ganze Leben. Doch damit diese Person dich voll erkennen kann, musst du dich zuerst voll sehen. Du musst lernen, gut mit dir allein zu sein. Du musst lernen, dich gut zu verstehen und dir deine Bedürfnisse selbst zu erfüllen. Hast du Lust auf ein kleines Experiment? Sprich einmal die folgenden Worte:

> *Ich übernehme volle Verantwortung für meine Erfüllung.*
> *Ich weiß, was ich will und brauche, um glücklich zu sein.*
> *Ich kümmere mich um meine eigene Entwicklung.*
> *Die Quelle für mich bin ich.*

Hat sich etwas in dir verändert, während du gesprochen hast? Hast du dich vielleicht aufrechter hingesetzt, die Brust nach vorn gereckt oder bist mit jedem Satz entschiedener geworden? Gut. Das ist ein Schritt in Richtung Einladung. Jetzt, wenn du mit dir gut und glücklich sein kannst, bist du bereit, eine *Einladung* auszusprechen.

> *Starke Menschen kommen nicht zusammen,*
> *um sich gegenseitig glücklich zu machen.*
> *Sie kommen zusammen,*
> *um miteinander noch glücklicher zu sein.*

Schau dich aufmerksam um. Fall nicht auf den ersten Sturm deines Gefühlscocktails herein, sondern lass auch deine Werte deine Wahl prüfen. Denn jetzt mal ganz ehrlich: Meist offenbart er doch schon beim ersten Date, aus welchem Holz er geschnitzt ist. Gehe keine Kompromisse ein. Interpretiere nicht das in ihn, was du dir wünschst. Lass dich nicht von seinen Worten einlullen. Männer* wissen, was sie sagen müssen, um uns herumzukriegen oder hinzuhalten. Egal, was er dir erzählt, schau auf seine Taten.

Wenn du dir sicher bist, dass er das Potenzial hat, der König an deiner Seite zu sein, sprichst du eine Einladung aus, die euch beide deinen Wert spüren lässt. Mach ihm klar, was ihn alles an schönen Erfahrungen erwartet, wenn er sich auf dich einlässt. Für mich ist dies die positive Form unserer Verführungskunst. Unser Eros zaubert eine Vision dessen in die Atmosphäre, was für beide möglich ist. Eine entsprechende Einladung könnte so klingen: *Die Königin in mir hat dich ausgewählt und bietet dir einen atemberaubenden Ritt an. Ich brauche dich nicht, aber ich habe den Instinkt, dass wir beide uns gemeinsam wunderbar entwickeln und erfreuen könnten. Ich werde dir exakt sagen, was ich brauche, um mich in einer wahrhaft lebendigen Beziehung voll hinzugeben. Ich bin sehr neugierig, von dir zu erfahren, was du dafür brauchst. Fühl dich frei, meine Einladung anzunehmen oder nicht. Ich werde dich erwarten, aber nicht ewig auf dich warten.*

Es gibt einen feinen und deutlichen Unterschied zwischen Druck ausüben (»Wenn du das nicht tust, dann bin ich weg!«), was nichts anderes als Fordern ist, und der ruhigen, zentrierten Einladung einer Königin, die etwas Kostbares anbietet, aber nicht ewig wartet, sondern irgendwann auch weiterzieht. Kannst du diesen Unterschied fühlen? Kannst du dir vorstellen, aus dieser würdevollen und starken Position heraus einzuladen? Kannst du sehen, dass dies einen Riesenunterschied bewirken würde?

Warum fällt es uns Frauen* so enorm schwer, aus dieser Haltung heraus Einladungen auszusprechen? Vielleicht, weil wir dann unsere tiefste Angst fühlen müssen – das mögliche Alleinsein. Auch wenn wir rational wissen, dass wir es überleben, kann es sich wie Todesangst anfühlen. Ja, unser limbisches System leistet hier ganze Arbeit. Doch da müssen wir durch, Schwestern, und zwar nicht nur einmal, sondern immer wieder. Als Single, wenn du wieder auf der Suche bist, hilft dir die Einladung, von vornherein faule Kompromisse zu vermeiden. Doch beantworte dir einmal ehrlich die folgende Frage: Was ist dir lieber? Zu Beginn zehn Dates mehr zu haben auf der Suche nach einem König oder nach frustrierenden Jahren unerfüllt neben einem Typen aufzuwachen und zu denken: »Eigentlich habe ich es von Anfang an gewusst!«

Die Einladung hilft dir auch, innerhalb einer Beziehung nicht in einem unerfüllten Mittelmaß einzuschlafen. Es geht dabei nicht darum, immer gleich die ganze Beziehung infrage zu stellen, sondern einzelne Erfüllungsspielwiesen:

○ Du willst mit ihm ein Seminar besuchen? Lade ihn ein und wenn er nicht zusagt, geh allein.

○ Du willst mit ihm wahrhaftig über Gefühle sprechen? Lade ihn ein und wenn er sich weigert, suche dir andere ebenbürtige Gesprächspartner*innen.

○ Du willst gemeinsam euren Sex verfeinern und vertiefen? Lade ihn ein, eindringlich, denn dieser Bereich ist der Tempel deines Eros. Wenn er Nein sagt, wird dies furchtbar wehtun. Doch dann musst du eine für dich existenzielle Wahl treffen: Entweder du vertrocknest an seiner Seite oder du gibst deinem Eros Nahrung. Dafür gibt es viele Möglichkeiten, etwa ein sinnliches Tantraseminar.

Du siehst, eine Einladung führt dich in ein heißes Terrain. Es wird dich viel Mut kosten. Doch eines muss dir klar sein: Am Ende deines Lebens wird der Mann*, für den du kostbare Jahre mit Warten und Hoffen vergeudet hast, nicht an deinem Sterbebett stehen und dich trösten. Und selbst wenn, du wirst seine Hand wütend wegschlagen. Du wirst nicht zornig auf ihn sein, sondern auf dich, weil du gefordert und gebettelt hast. Alles, was wir Frauen* an Ödnis und Kampf in unseren Beziehungen über einen längeren Zeitraum erfahren, ist hier, weil wir es gestattet haben. Unser Fordern und Betteln lädt zu Nachlässigkeit ein. Also lasst uns damit aufhören, denn wir wissen in unserem Herzen, was möglich ist.

Lasst uns auf Entzug gehen. Lasst uns den kleinen Tod sterben und uns mit unserer Angst vor Einsamkeit konfrontieren. Sisterhood wird uns helfen. Du bist nicht allein. Hören wir auf, uns gegenseitig wie bedürftige Bettlerinnen die Männer* auszuspannen oder uns hämisch über eine Scheidung zu freuen. Lasst uns füreinander da sein.

Lasst uns aufeinander aufpassen, wenn wieder eine unserer Schwestern einknickt und sich selbst verrät.

Nichts ist attraktiver und zugleich irritierender für Männer* als Frauen*, die sie nicht mehr brauchen, um glücklich zu sein. Finde die Quelle in dir und dann lade ein. Alle, die wirklich zu dir gehören – Liebespartner*innen, Freundin*innen und Businesspartner*innen –, werden deinen Ruf hören und ihn freudig beantworten.

SELBSTERFORSCHUNG UND UMSETZUNG

Was sind deine wichtigsten Erkenntnisse aus diesem Kapitel?

_____

_____

Was sind deine wichtigsten Schlussfolgerungen aus diesem Kapitel?

_____

_____

Fordern

In welchen Beziehungen rutschst du manchmal ins Fordern?

_____

_____

_____

Wie fühlt sich das für dich an?

_____

_____

_____

_____

Bist du bereit, damit aufzuhören?

☐ ja   ☐ nein

Betteln

In welchen Beziehungen rutschst du manchmal ins Betteln?

_____

_____

_____

Wie fühlt sich das für dich an?

_____

_____

_____

Bist du bereit, damit aufzuhören?

☐ ja   ☐ nein

Deine größte Angst

Stell dir vor, du würdest radikal aufhören, an anderen Menschen herumzuziehen oder ewig auf sie zu warten. Was könnte dann deiner Meinung nach schlimmstenfalls passieren?

_____

_____

_____

Welche Gefühle sind mit diesen Sorgen verbunden?

_____

_____

Bist du bereit, diese Gefühle zu fühlen, um endlich frei zu sein?

☐ ja   ☐ nein

Wahre Größe

Wo würdest du dich sofort anders verhalten, wenn du dich selbst bedingungslos ernst nehmen und lieben würdest?

_____

_____

Bist du bereit, dich ab jetzt bedingungslos ernst zu nehmen und zu lieben?

☐ ja   ☐ nein

Wie kannst du dir das konkret beweisen?

_____

_____

Die Einladung

Welche Menschen willst du offiziell aus allem Erwartungsdruck entlassen, indem du aufhörst, etwas von ihnen zu fordern oder zu erbetteln?

_____

_____

Bist du bereit, deinen Entschluss diesen Menschen mitzuteilen?

☐ ja   ☐ nein

Wenn ja, wann? Wenn nein, wovor hast du Angst? Was hindert dich daran?

_____

_____

Welche Menschen sind dir wichtig und zu welcher Reise möchtest du sie gern einladen?

Name: _____

Art der Reise: _____

Name: _____

Art der Reise: _____

Name: _____

Art der Reise: _____

Bist du bereit, diese Einladungen offiziell auszusprechen?
☐ ja ☐ nein

Wenn ja, kannst du hier und jetzt festlegen, wann?

Name: _____

Datum: _____

Name: _____

Datum: _____

Name: _____

Datum: _____

Wenn nein, was hindert dich daran? Wovor hast du Angst?

_____

Die Quelle der Freude

Mal angenommen, du wärst ab jetzt für den Rest deines Lebens allein.
Was bewirkt dieser Gedanke in dir?

_____

_____

_____

Wie könntest du dir selbst eine wahre Quelle von Freude, Nähe, Lust
und Frieden sein? Liste zehn konkrete Ideen auf.

1. _____

2. _____

3. _____

4. _____

5. _____

6. _____

7. _____

8. _____

9. _____

10. _____

Empfehlungen zur Vertiefung

Ritual: Das Bad einer Königin
Nimm dir für dieses Ritual ausreichend Zeit. Kreiere dir eine Badewanne de luxe. Verwende dein liebstes Badeöl oder Schaumbad. Mach es dir so richtig schön. Zünde Kerzen an. Lege dir eine besinnliche Lieblingsmusik auf.

Bevor du in die Badewanne steigst, setze dich noch einmal hin und schreibe einige der unangenehmsten Momente in deinem Leben auf, in denen du gebettelt oder gefordert und so deine Würde untergraben hast. Fühle dich in diese Situationen hinein. Stell dich nun vor dein Königinnenbad und stell dir vor, dass der innere Schmutz dieses Kleinmachens von dir abgespült wird. Stell dir vor, dass dieses Bad deine Wunden heilt. Bitte alle Göttinnen dieser Welt, alle starken Frauen*, als Schwestern zu deiner Unterstützung an deine Seite. Dann genieße das Bad. Stell dir vor, du schwimmst im Fruchtwasser der großen Göttin. Sie nährt dich. Fühle, dass es dir guttut, mit dir allein zu sein. Wenn du willst, höre in der Badewanne die Meditation »Die Königin in dir« (s. Downloadbereich). Wenn du wieder herauskommst, creme dich mit deiner Lieblingskörpercreme ein. Liebevoll, sanft, wie eine Königin. Nimm dir dann noch etwas Zeit und schreibe dein eigenes Gelübde. Beantworte dir darin die Fragen: Wie willst du dir ab jetzt treu sein? Wie willst du ab jetzt die Königin in dir stärken?

Downloadbereich:
- Unter go.homodea.com/queen findest du das Video »Die wahre Liebe. Die vier größten Missverständnisse im Lieben«, das dir dabei hilft, die Liebe vom Sockel zu heben und sie in deinem Herzen zu finden.
- Ebenfalls findest du dort die Meditation »Die Königin in dir«, die dir unter anderem zeigt, wie du aufhören kannst, gegen dich selbst zu kämpfen.

Kurstipp:
- Zur Stärkung deiner Selbstliebe empfehle ich dir den wunderbaren Onlinekurs »MySelf« auf www.homodea.com.

Buchtipps:
- Gary John Bishop: *Unfuck Yourself. Raus aus dem Kopf, rein ins Leben!* Scorpio Verlag, 2018
- Kay Woodward: *Power Women – Geniale Ideen mutiger Frauen. Was würden sie dir raten?* arsEdition, 2018
- Dr. Michelle Haintz: *Selbstliebe angeknackst? Wie du Selbstliebe lernen und »Ich liebe mich« sagen, fühlen und genießen kannst.* Angelina Schulze Verlag, 2019
- Eva-Maria Zurhorst: *Liebe dich selbst und es ist egal, wen du heiratest.* Arkana, 2009

Filmtipps:
- Mimi Polk Gitlin (Produktion); Ridley Scott (Regie): *Thelma und Louise.* 1991
- John Davis u. a. (Produktion); David O. Russell (Regie): *Joy – Alles außer gewöhnlich.* 2015
- Bruna Papandrea, Bill Pohlad, Reese Witherspoon (Produktion); Jean-Marc Vallée (Regie): *Der große Trip – Wild.* 2014

Heilige Beziehungen leben

 These: Frauen* wissen (eigentlich) sehr genau, was sie in Beziehungen wollen und was fehlt. Die meisten von uns wurden darauf konditioniert, sich mit eher mittelmäßigen Beziehungen zufriedenzugeben, die zwar irgendwie funktionieren, aber lange nicht unser volles Potenzial entfalten. Es existiert in uns die Ahnung einer radikal transformierenden, zutiefst erfüllenden Beziehung. Ich nenne sie eine *heilige* Begegnung.

In diesem Kapitel dreht sich alles um Beziehungen, Heiliges und chemische Reaktionen. Fangen wir mit einer scheinbar einfachen Frage an: Erlebst du dich in deinen wichtigsten Beziehungen glücklich? Vielleicht antwortest du wie aus der Pistole geschossen mit Ja oder Nein. Vielleicht zögerst du aber auch, weil du zuerst darüber nachdenken willst, was Glück eigentlich für dich bedeutet. Gut so. Denn manchmal haben wir in unseren Beziehungen vielleicht alles, worum uns viele andere beneiden würden, und sind dennoch nicht glücklich.

Ich stelle meinen Schwestern in Coachings und Gesprächen gern solche Fragen und stelle immer wieder erstaunt fest, dass viele von uns scheinbar gar nicht so genau wissen, was sie sich in ihren Beziehungen ganz genau wünschen. Unsere Köpfe wurden so vollgestopft mit Ideen und Normen unserer Herkunftsfamilien oder der Gesellschaft. Unser feiner Instinkt für die Spur des wahren Lebens wurde oft schon irritiert, als wir noch ein kleines Mädchen waren. Unsere Wünsche wurden übergangen, Grenzen überschritten. So viel Nonsens über Beziehungen wurde uns erzählt und vorgelebt. Doch ich glaube, dass wir unter all diesen Konditionierungen immer noch ganz genau wissen, was unsere Beziehungen bräuchten, um voll zu erblühen. Vielleicht haben wir dafür manchmal zuerst nicht einmal Worte. Doch unsere Seele, tief verwurzelt in Eros, fühlt, wenn die Begegnung zweier Menschen nicht ihr volles Potenzial entfaltet.

Wir werden dann zuerst verstimmt, dann frustriert und irgendwann wütend. Wut ist Shakti[18], die in uns pulsierende Lebenskraft, die auf nicht akzeptable Grenzen stößt. Je nach Persönlichkeitstyp und Resilienz wendet sich diese Wut entweder nach außen und wir werden zu jähzornigen Furien oder sie implodiert nach innen, in Resignation und Depression.

Ich möchte dir in diesem Kapitel nicht erklären, wie eine wirklich lebendige Beziehung aussieht. Das geht gar nicht, weil das wache Aufeinandertreffen zweier Seelen immer eine einzigartige Spur durch dieses Universum legt. Ich möchte dir Mut machen, deinen Instinkt für Lebendigkeit freizulegen und deine Sehnsucht nach wahrhaft lebendigen Beziehungen zu bejahen. Veit und ich benutzen in unserer Arbeit eine einfache Definition, an der du messen kannst, wo eure Partnerschaft steht:

Lebendige Beziehungen sind Felder, in denen alle Beteiligten erblühen.

Also, denke einfach an den Menschen, mit dem du in Beziehung stehst, und frage dich: »Ist dies ein Feld, in dem alle Beteiligten erblühen?« Und dann rutsche nicht in das alte Muster der Verwirrtheit, mit dem wir gern unsere Power abschwächen. Sage dir nicht: »Ach, ich weiß nicht so richtig …« Mache dir vielmehr bewusst, dass du es weißt! Wie solltest du es auch nicht wissen?! Millionen von Jahren Evolution haben dich darin trainiert, Beziehungsfelder aufzubauen und zu hüten, Gesichter und Gefühle auf feinster Ebene zu lesen. Du trägst die Quelle von Eros in dir und Eros *ist* Beziehung, Verbundenheit, Einheit.

Klar ist es manchmal unbequem, uns die Wahrheit einzugestehen. Wir haben Angst vor den Konsequenzen, vor Chaos, Ablehnung, Einsamkeit. Wie heißt das Sprichwort so schön und dämlich: »Lieber den Spatz in der Hand als die Taube auf dem Dach.« Würden wir so denken, wenn wir uns wirklich ernst nehmen würden? Würden wir uns den Spatz schönreden, wenn wir verbunden wären mit der Kostbarkeit und Endlichkeit unseres Lebens? Ich frage dich daher: Reicht es dir oder brauchst du mehr, Schwester? Was brauchst du in deinen Beziehungen, damit sich deine Seele voll entfalten kann? Bist du bereit, den Spatz und die Taube loszulassen und dich als Adlerkönigin emporzuschwingen? Darauf vertrauend, dass die, die auf dich in deiner vollen Größe gewartet haben, dich auch finden und ihr gemeinsam das eingeht, was wir eine *heilige* Beziehung nennen?

Wenn du eine Atheistin bist, lass dich nicht von dem Wort *heilig* abschrecken. Falls du *Genesis* gelesen hast, weißt du, dass es bei uns nicht für etwas Religiöses steht, sondern für das Außerordentliche und das Heilende, Ganzmachende. Heilige Beziehungen sind für mich Felder, in denen Menschen sich den wachen Blick für das außerordentliche Wunder ihrer Begegnung wahren. Ja, es mag sich im Alltag, wenn wir uns in steter Hektik, in Einkaufszetteln, Windelnwechseln, Arbeit und Steuerabrechnung verlieren, oft in Tristesse und Routine widerspiegeln, doch letztendlich ist doch jede Begegnung zweier bewusster Wesen in diesem unendlich großen Universum ein Wunder. Vergesst euer Alter, euren Beruf, eure Herkunft und all die tausend Dramen, die ihr euch schon geboten habt für einen Moment, und nehmt diese größere Perspektive ein. In einem 13,5 Milliarden Jahre[19] alten Epos trefft ihr euch zeit- und punktgenau in der gleichen Galaxie (in einer von Milliarden von Galaxien) auf einem winzig kleinen Planeten, der euch – rein »zufällig« – alles zur Verfügung stellt, um leben, wachsen, forschen und lieben zu können. Der Kosmos selbst hat zwei Formen angenommen, mit euer beider Namen, um durch euch neue Möglichkeiten zu gebären.

Das ist ein Wunder!

Eine heilige Beziehung bewahrt sich den Sinn dafür und ehrt ihn durch Wachheit, Staunen, radikales Einlassen und Feiern, Feiern, Feiern.

Heilig kommt aber auch vom Wortstamm *heil* und ist so auch mit *unversehrt*[20] gleichzusetzen. Heilige Beziehungen fördern deine

Heilung, indem sie dir einen so sicheren, vertrauensvollen Raum anbieten, dass du mental, emotional und oft auch körperlich von alten Beziehungswunden heilen kannst. Du entspannst dich. Du verstehst besser und kannst die Vergangenheit vergeben. Heilige Beziehungen fördern deine Ganzheit. Nicht in der Form, dass du selbst ganzer wirst, sondern in der, dass du deine Ganzheit immer tiefer und weiter erfasst. Ein Beispiel ist das Wechselspiel von Animus und Anima.[21] Männer* können in heiligen Beziehungen sowohl ihren Animus besser erkennen und heilen lernen als auch im lebendigen Austausch mit Frauen* ihre Anima entdecken und entwickeln. Das Gleiche gilt andersherum. Während herkömmliche Beziehungen oft vor allem dazu dienen, sich so, wie wir eben sind, auszunutzen oder möglichst fair miteinander zu kooperieren, fordern uns heilige Beziehungen zur Schattenarbeit heraus. Ich entdecke das, was ich an dir hasse und bewundere, auch in mir.

Deswegen geben sich heilige Beziehungen auf eine gute Weise nie zufrieden. Natürlich muss es Phasen des Genusses, der Erholung und des Feierns geben. Doch ihr werdet weiter drängen, weil ihr wisst, dass diese Reise – innen und außen – kein Ende hat. Vielleicht kennst du den Hermesstab. Diesen kannst du als Symbol für zwei Menschen sehen – in einer Liebesbeziehung, einer Lehrer*in-Schüler*in-Beziehung, einer sehr bewussten Eltern-Kind-Beziehung oder einer besonderen Freundschaft. Die zwei Schlangen im Hermesstab stehen aber auch für Eros und Logos in dir, die durch eine heilige Beziehung angeregt werden. In normalen Beziehungen begegnen sich die zwei Schlangen (Menschen) auf einem bestimmten Level und begegnen sich vollkommen ungeformt:»So sind wir halt. Du bist so. Ich bin so. Lass uns, so gut es geht, miteinander auskommen.« Wenn du solche besonderen Menschen nach zehn Jahren erneut triffst, sind sie zwar älter geworden, aber sie haben sich nicht verändert. Ich möchte betonen, dass dagegen nichts einzuwenden ist. Vielleicht brauchen wir auch solche Beziehungen in unserem Leben, um den Alltag gut zu managen und für eine gewisse Stabilität zu sorgen. Ich glaube auch, dass jeder Mensch eine ganz eigene Bestimmung hat. Manch einer will gar nicht zu den Sternen greifen und ist glücklich, wenn er warm und sicher durchkommt. Das ist doch voll okay. Aber wenn es dir nicht reicht, dann reicht es dir nicht. Dann bleib nicht stehen und versuche nicht, dein Herz mit eingeredeter Zufriedenheit zu bändigen.

Heilige Beziehungen sind außer*ordentlich*, weil sie die bestehende Ordnung immer wieder infrage stellen müssen. Je besser wir diese Dynamik verstehen, desto weniger kriegerisch-dramatisch müssen wir die alte Form einreißen. Wir können die erneute Häutung unserer Seelen durch Ehrlichkeit, gute Fragen und den Empfang von Visionen sanfter begleiten. Heilige Beziehungen lösen im Gegensatz zu normalen Beziehungen Kernreaktionen aus. Falls du eine Chemikerin bist, verzeih mir bitte, wenn ich jetzt gleich komplizierte chemische Zusammenhänge herunterbreche und als Metapher entfremde. Mir geht es ja nicht um wissenschaftliche Exaktheit, sondern um einen Punkt, den ich verdeutlichen möchte.

Falls du wie ich keine Chemikerin bist: Erinnerst du dich noch an den Chemieunterricht in der Schule? An die großen Modelle der Moleküle? In einer einfachen chemischen Reaktion kommen drei Atome, etwa zwei Wasserstoffatome und ein Sauerstoffatom, in einem Molekül, nämlich Wasser, zusammen. Sie gehen wie in einer normalen Beziehung eine Zweckbindung ein. Wenn sie sich wieder trennen, zerfallen sie zurück in Wasserstoff und Sauerstoff. Sie haben sich benutzt, aber nicht verändert. Eine Kernreaktion hingegen ist ein Prozess, bei dem ein Atomkern durch den Zusammenstoß mit einem anderen Atomkern oder Teilchen seinen Zustand oder seine Zusammensetzung entscheidend ändert. Es entsteht ein neues Element.

Heilige Beziehungen sind für mich wie Kernreaktionen. Sie verändern euch für immer. Und spätestens jetzt wird klar, warum sie (noch) relativ selten sind. Unsere Seelen sehnen sich nach dieser Kernreaktion. Unsere Egos fürchten sie. Denn für sie bedeutet es den kleinen

Tod. Solange wir in Familien und Erziehungssystemen groß werden, die uns beibringen, uns als eine relativ feste Form anstatt als lebendigen Prozess zu begreifen, der wir in Wahrheit sind, werden wir diesen kleinen Tod fürchten. Wir stehen immer wieder vor einem scheinbar unlösbaren Dilemma: Wir sehnen uns nach Nähe und wahrer Lebendigkeit, doch gleichzeitig wollen wir unsere Form, unser Ego bewahren. Wir lassen uns ein, bis es heiß wird. Bis diese Beziehung unser Rechthaben fordert, und dann springen wir wieder aus dem Schmelztiegel heraus. Indem wir intellektuell herumlabern, anstatt zu fühlen. Indem wir auf Distanz gehen, anstatt im Feuer stehen zu bleiben. Indem wir einen Streit anfangen, der uns von diesem eigentlich so spannenden Punkt ablenkt.

Die Fragen, die ich dir stellen möchte, von Schwester zu Schwester, lauten:

Was willst du?
Was willst du wirklich in deinen Beziehungen?
Möchtest du sicher durchkommen oder
möchtest du dich finden?
Es geht nicht beides.
Möchtest du lieben und erkannt werden oder
möchtest du liebhaben und benutzen?
Es geht nicht beides.

Nach 54 Jahren Leben glaube ich zutiefst, dass das gesamte Universum permanent lauscht und wissen will, was wir wirklich wollen. Und wenn wir es ausdrücken, dann bekommen wir es. In Form von Partner*innen, die exakt zu unserer wahren Absicht passen. Denn auch diese Ausrede möchte ich dir gern nehmen: Es ist eine Lüge, wenn du behauptest, du würdest dich ja voll einlassen aber der Mann* spiele nicht mit. Erstens: Warum hast du wohl gerade ihn gewählt? Zweitens: Sich wirklich auf die Kernreaktion einlassen bedeutet nicht, nett zu sein und darauf zu warten, dass in dem anderen ein

Wunder passiert. Spring du zuerst in den Transformationskessel. Was hast du noch nicht gegeben? Vielleicht hast du ihn noch nie wirklich vor diese Wahl gestellt. Vielleicht hast du noch nie deine Furie gezeigt. Vielleicht hast du noch nie eine königliche Einladung ausgesprochen und bist gegangen, wenn er nicht geantwortet hat. Hast du dich je klar dazu bekannt, was du wirklich, präzise, messerscharf und radikal willst? Hast du dich dafür mit allem, was du bist, eingesetzt? Und was hast du noch nicht gegeben? Denn eine heilige Beziehung wird nicht nur Männer* verwandeln, sondern auch uns. Aus Schafen werden Löwinnen. Aus kontrollierbaren Ehefrauen* werden unberechenbare, lebendige Weiber.

Ich habe mich hauptsächlich auf Liebesbeziehungen bezogen, aber heilige Kernreaktionen können in einem One-Night-Stand, einem Businessteam oder im Gespräch im Park mit einer fremden Person ausgelöst werden. Wenn deine Seele sich zu diesem existenziellen Hunger bekennt, werden deine Augen anders leuchten. Und ihr werdet einander erkennen und euch magisch anziehen. Es ist menschlich, dass wir alle hin und wieder einschlafen. Wir knallen zu Beginn einer Beziehung, berauscht von Dopamin, wie Kometen aufeinander. Wir ahnen mit unserem ganzen Körper in diesem Moment, was zwischen uns möglich sein könnte. Irgendwann flacht der Dopaminspiegel ab. Der Alltag schläfert uns ein. Das ist der Moment, in dem die Kriegerin in uns den heiligen Kampf um Wachheit und Lebendigkeit aufnehmen sollte. Widerstehe den Einflüsterungen all derer, die selbst auf halber Strecke eingeschlafen sind und dich nun beschwichtigen wollen, indem sie sagen: »So ist es nun mal. So geht es uns allen. Man muss nehmen, was man/frau kriegt.«

Was für ein Bullshit! Du lebst nur einmal. *Jetzt* lodert deine Fackel. Trage sie so weit, wie du kommst. Nicht nur für dich. Auch für unsere Kinder und Enkelkinder. Denn heilige Beziehungen dienen nicht nur dem Selbstzweck. Sie erschaffen neue Möglichkeiten. Für ein neues Selbstverständnis, ein neues Miteinander, eine neue Zukunft der Menschheit.

SELBSTERFORSCHUNG UND UMSETZUNG

Was sind deine wichtigsten Erkenntnisse aus diesem Kapitel?

_____

_____

_____

_____

Was sind deine wichtigsten Schlussfolgerungen aus diesem Kapitel?

_____

_____

_____

_____

Lebendigkeit und Erfüllung aktuell
Benenne deine derzeit drei bis vier wichtigsten Beziehungen.

1. _____

2. _____

3. _____

4. _____

Bewerte auf einer Skala von 1 bis 7 für diese wichtigsten Beziehungen den Grad an Wahrhaftigkeit. Kreise ein.
(1 = gar nicht, 7 = vollkommen)

Beziehung zu _____ 1 2 3 4 5 6 7

Beziehung zu _____ 1 2 3 4 5 6 7

Beziehung zu _____ 1 2 3 4 5 6 7

Beziehung zu _____ 1 2 3 4 5 6 7

Bewerte auf einer Skala von 1 bis 7 für diese wichtigsten Beziehungen den Grad an Wachstum und Entwicklung. Kreise ein.
(1 = gar nicht, 7 = vollkommen)

Beziehung zu _____ 1 2 3 4 5 6 7

Beziehung zu _____ 1 2 3 4 5 6 7

Beziehung zu _____ 1 2 3 4 5 6 7

Beziehung zu _____ 1 2 3 4 5 6 7

Bewerte auf einer Skala von 1 bis 7 für diese wichtigsten Beziehungen den Grad an Freude und Lebendigkeit. Kreise ein.
(1 = gar nicht, 7 = vollkommen)

Beziehung zu _____ 1 2 3 4 5 6 7

Beziehung zu _____ 1 2 3 4 5 6 7

Beziehung zu _____ 1 2 3 4 5 6 7

Beziehung zu _____ 1 2 3 4 5 6 7

Bewerte auf einer Skala von 1 bis 7 für diese wichtigsten Beziehungen den Grad an Nähe. Kreise ein.
(1 = gar nicht, 7 = vollkommen)

Beziehung zu _____ 1 2 3 4 5 6 7

Beziehung zu _____ 1 2 3 4 5 6 7

Beziehung zu _____ 1 2 3 4 5 6 7

Beziehung zu _____ 1 2 3 4 5 6 7

Bewerte auf einer Skala von 1 bis 7 für diese wichtigsten Beziehungen den Grad an Freiheit. Kreise ein.
(1 = gar nicht, 7 = vollkommen)

Beziehung zu _____ 1 2 3 4 5 6 7

Beziehung zu _____ 1 2 3 4 5 6 7

Beziehung zu _____ 1 2 3 4 5 6 7

Beziehung zu _____ 1 2 3 4 5 6 7

Du hast das Recht auf lebendige Beziehungen, die dich erblühen lassen. Das muss zwischendurch mal gesagt werden, Schwester!

Lebendigkeit und Erfüllung zukünftig

Welche dieser Beziehungen würdest du gern auf das nächste Level entwickeln (wenn alles möglich wäre) und wie würde dies aussehen?

Wie möchtest du dich konkret dafür einsetzen?

Gibt es Beziehungen, die dir auf Dauer so viel Kraft rauben, dass du sie beenden oder zumindest wesentlich reduzieren möchtest?

☐ ja   ☐ nein

Wie wirst du das jetzt tun?

Wer sind die drei Menschen in deinem Leben, die dich derzeit am stärksten inspirieren und/oder dir am meisten guttun?

1. _____

2. _____

3. _____

Wissen sie das?

☐ ja   ☐ nein

Wenn ja, mit welchen Worten möchtest du es ihnen heute noch einmal sagen? Wenn nein, was hat dich bisher daran gehindert, es ihnen zu sagen? Ist jetzt vielleicht ein guter Moment gekommen, es zu tun?

_____

_____

_____

_____

Empfehlungen zur Vertiefung

Ritual: Aktiviere deine Beziehungsweisheit

Nimm dir Zeit und lege dein Notizbuch und dein Schreibzeug parat. Setze dich bequem hin. Denke an eine Beziehung, die dir wichtig ist, die dich aber nicht vollständig erfüllt.

Schritt 1: Schreibe den folgenden Satz groß ganz oben auf ein Blatt Papier:»Wenn ich mir voll vertrauen würde, dann fehlt in dieser Beziehung …« Nun sprich diesen Satz immer wieder laut und kraftvoll aus und vervollständige ihn schriftlich, ohne groß darüber nachzudenken. Immer wieder, bis du das Gefühl hast, die Frage ist vollständig beantwortet.

Schritt 2: Schreibe den folgenden Satz groß ganz oben auf ein neues Blatt Papier:»Wenn ich ganz genau wüsste, was ich mir in dieser Beziehung wünsche, dann wäre das …« Nun sprich auch diesen Satz immer wieder laut und kraftvoll aus und vervollständige ihn schriftlich, ohne groß darüber nachzudenken. Immer wieder, bis du das Gefühl hast, die Frage ist vollständig beantwortet.

Schritt 3: Schreibe den folgenden Satz groß ganz oben auf ein neues Blatt Papier:»Wenn ich ganz genau wüsste, was in dieser Beziehung als Nächstes zu tun ist, dann wäre das …« Nun sprich auch diesen Satz immer wieder laut und kraftvoll aus und vervollständige ihn schriftlich, ohne groß darüber nachzudenken. Immer wieder, bis du das Gefühl hast, die Frage ist vollständig beantwortet.

Schritt 4: Schreibe den folgenden Satz groß ganz oben auf ein neues Blatt Papier:»Um herauszufinden, was in dieser Beziehung möglich ist, werde ich jetzt …« Nun sprich auch diesen Satz immer wieder laut und kraftvoll aus und vervollständige ihn schriftlich, ohne groß darüber nachzudenken. Immer wieder, bis du das Gefühl hast, die Frage ist vollständig beantwortet.

Schritt 5: Tu es! Es ist extrem wichtig, Schwester, dass du ins Handeln kommst. Denke nicht groß nach, tu es! Bring deine Energie in Bewegung.

Downloadbereich:
- Unter go.homodea.com/queen findest du die Meditation »Die Zukunft deiner Beziehungen«, die dich einlädt, eine Beziehungsvision zu empfangen.
- Ebenfalls findest du dort einen Vortrag zum Thema »Liebe radikal«.

Kurstipp:
- »liebeswerk« und »Co-Creation. Das nächste Level der Liebe« sind zwei intensive Onlinekurse auf www.homodea.com für das Erblühen deiner Beziehungen.

Buchtipps:
- Veit Lindau: *Liebe radikal. Wie du deine Beziehungen zum Erblühen bringst.* Kailash, 2014
- Veit Lindau und Andrea Lindau: *Königin und Samurai. Wenn Frau und Mann erwachen.* Kailash, 2018
- Richard Bach: *Brücke über die Zeit.* Ullstein Taschenbuch, 2000
- Gay Hendricks und Kathlyn Hendricks: *Liebe macht stark. Von der Abhängigkeit zur engagierten Partnerschaft.* Mosaik, 1992

Filmtipps:
- Lilly Wachowski, Lana Wachowski, J. Michael Straczynski (Idee): *Sense8.* Veröffentlicht auf Netflix, 2015
- Martin Brest, Ronald L. Schwary (Produktion); Martin Brest (Regie): *Rendezvous mit Joe Black.* 1998
- Tim Bevan, Eric Fellner (Produktion); Richard Curtis (Regie): *Alles eine Frage der Zeit.* 2013
- James Cameron, Jon Landau (Produktion); James Cameron (Regie): *Titanic.* 1997
- Charles Roven, Dawn Steel (Produktion); Richard Curtis (Regie): *Stadt der Engel.* 1998
- Barnet Bain u. a. (Produktion); Vincent Ward (Regie): *Hinter dem Horizont.* 1998

Den Logos in dir erwecken

 These: Wenn eine Frau* sich weigert, ihren Logos zu entdecken und zu entwickeln, beraubt sie sich einer enormen Superpower und macht sich abhängig von Männern*. Intuition und Fühlen sind wunderbare Fähigkeiten, die ihre volle Kraft entfalten werden, wenn die Frau* ihnen einen differenzierten Geist an die Seite stellt.

Dieses Kapitel stellt dir ein enormes, meines Erachtens von uns Frauen* noch lange nicht ausreichend genutztes Potenzial vor: *Logos*. Da das Thema sehr leicht missverstanden werden kann, bitte ich dich, die folgenden Sätze aufmerksam zu lesen:

o Ich bin überzeugt, dass wir Frauen* wesentlich intelligenter sind, als die meisten von uns selbst glauben. Logos wirkt wie eine Art Lichtnektar für alle unsere Superkräfte. Wenn wir Logos brachliegen lassen, dann sind wir nicht dumm, aber wir verhalten uns auch nicht smart.

o Wenn ich bestimmte Phänomene anspreche, kann ich natürlich nicht für alle Frauen* sprechen, sondern lediglich über Tendenzen. Bitte schau ehrlich, wo und wie es dich berührt.

Eros und Logos wirken wie zwei Pole in deinem Bewusstsein, deren spannungsvoller Tanz – der manchmal eher einem Ringen gleicht – sicherstellt, dass du auf deiner Reise nicht einschläfst, sondern dich weiter entwickelst.[22]

Eros ist die Kraft, die von der Einheit aller Dinge weiß und alles in der Tiefe zusammenhält. Eros ist der weibliche Pol in uns. Wir assoziieren Eros oft mit Erotik. Das ist ein Kanal, über den sich Eros ausdrückt, doch die Bandbreite ist viel größer: Liebe, Berührung, Wärme, Genuss und vieles mehr. Die Stärken von Eros sind Fühlen, Mitfühlen, Intuition, Ästhetik, Heilen, Nähren, Teilen, um nur einige zu nennen.

Logos ist die Kraft des Werdens. Sie will aus dem Urzentrum hinauseilen, den Horizont erobern, die Welt mit dem Geist begreifen. Logos ist der männliche Pol. Er drückt sich auf vier Ebenen aus: Kraft, Tat, Wort, Sinn.[23] Wir alle tragen beide Pole in unserem Bewusstsein, doch nur wenige Menschen leben sie ausbalanciert. Frauen* starten ihre Entwicklung sehr häufig vom Pol des Eros. Unser Bewusstsein konzentriert sich eher auf das, was jetzt ist. Wir erforschen und fühlen von klein auf unsere nahe Umgebung. Wir sind mit dem Urgrund des Seins und der Einheit aller Dinge und Wesen intuitiv verbunden. Deshalb ist uns oft die Gegenwart wichtiger als die Zukunft und wir tun sehr viel, um die Harmonie unserer Beziehungsfelder zu wahren. Manchmal opfern wir dafür zu viel. Wir lernen früh, die Mimik unserer Mitmenschen und ihre Emotionen sehr differenziert zu lesen. Frauen*, die sich im Laufe ihres Lebens keine starke Stimme des Selbstzweifels einfangen, haben einen klaren Instinkt und vertrauen ihren Gefühlen.

So weit, so gut. Doch wenn wir uns in unserem Eros ausruhen, bleibt irgendwann unsere Entwicklung stehen. Unser Bewusstsein braucht den ebenbürtigen Tanz beider Kräfte. Eines der schönsten Symbole dafür ist der bereits erwähnte Hermesstab: zwei Schlangen, die sich um einen Stab schlingen. Ihre Körper treffen sich dabei immer wieder in der Mitte. Die Köpfe streben dem Himmel entgegen. Der Stab hat am oberen Ende zwei Flügel. Dies ist eine wunderbare Metapher für die natürliche Befruchtung von Logos und Eros in dir. Die beiden Schlangen (Kräfte) gehen immer wieder auseinander, sie machen also durchaus ihre einzigartigen Erfahrungen, um sich dann wieder in der Mitte zu treffen und so ihre Entwicklung anzuregen.

Unsere Gesellschaft steckt noch tief in stark binären Vorstellungen der Geschlechter fest:»Männer* sind so ... Frauen* sind so ....« Das führt häufig dazu, dass wir Frauen* selbst in einer begrenzten Version von uns einschlafen und den anderen Pol dann auf die andere Seite projizieren müssen, etwa in Form von Bewunderung

(»O, mein Gott, wie schlau ist dieser Mann*!«) oder Verachtung (»Der arme Kerl steckt voll in seinen Konzepten fest und denkt viel zu viel nach«). Hinzu kommt, dass viele von uns schon früh negative Erfahrungen mit den Schattenseiten des toxischen männlichen Logos gemacht haben:

o negative Kraft in Form von Gewalt
o negative Taten in Form völlig sinnloser Projekte
o negative Worte in Form von unendlich viel Bullshit, den unsere Väter und Brüder sagten, um ihre eigene Unsicherheit zu überspielen
o negativer Sinn in Form von pervertierten Religionen und Fanatismus

Falls auch du so etwas von klein auf erlebt hast, kann es dazu geführt haben, dass du deinen eigenen Logos verleugnest und so nicht entwickelst. Das Ergebnis sind Frauen*,

o die sich dümmer stellen und auch oft begreifen, als sie sind,
o die rationales Denken ablehnen und alles »über das Herz« regeln wollen,
o die sich deshalb häufig in ihren Gefühlen und Impulsen verstricken,
o die sich noch mit 50 in bestimmten Situationen wie kleine naive Mädchen verhalten,
o die sich co-abhängig von ihrem Mann* fühlen, weil er ihnen quasi die Denkarbeit abnimmt,
o die ihre volle Wirkungspower nicht auf die Straße bekommen, weil ein Standbein fehlt,
o die logoslastige, aber wichtige Domänen wie IT oder Wissenschaft den Männern* überlassen,
o deren nicht integrierter Logos sich aus dem Schatten in Form von Herrschsucht und Selbstüberschätzung meldet,
o die sich nicht von intellektuell starken Frauen* und Männern* inspirieren lassen können.

Natürlich gibt es auch viele Beispiele für Frauen* mit einem starken Logos, die Wissenschaft, Wirtschaft und Politik revolutionierten, etwa die Wissenschaftlerin Marie Curie. Aber davon gibt es eben viel zu wenige. In meinen Coachings und Seminaren begegnen mir immer wieder Frauen*, die auf »Herz« beharren, doch sich leider – und ich sage das in aller Liebe – gerade deswegen oft dumm verhalten, obwohl sie alles andere als dumm sind. Ich nehme mich davon nicht aus. Was hätte ich mir für Ärger, besonders in den Anfangsjahren mit Veit, ersparen können, wenn ich meinen starken Gefühlen einen nüchternen Geist an die Seite hätte stellen können? Oder wie viel leichter und reichhaltiger hätte ich mich gleich von Anfang an von ihm inspirieren lassen können, wenn ich seine so andersartige Herangehensweise an das Leben neugieriger und mit weniger Vorurteilen erforscht hätte? Heute genieße ich es, mit Frauen* und Männern* zu sprechen, die die Welt anders begreifen als ich. Ich begreife es als Nahrung für meinen Logos. Ich lerne so, immer größere Zusammenhänge und verschiedene Perspektiven einzunehmen. Dies macht mich nicht weniger weiblich oder intuitiv, sondern klarer und wirksamer.

Ich möchte dich gern für deinen Logos begeistern! Was kann diese Kraft für dich tun? Der vielleicht stärkste Beitrag ist Bewusstheit. Stell dir Logos wie einen klaren Scheinwerfer vor, mit dem du all deine Fähigkeiten beleuchten und so viel besser anerkennen kannst. Wenn du dir deiner Stärken und Schwächen deutlicher bewusst wirst, wird dies dein Selbstvertrauen enorm nähren.

Die meisten Frauen* sehen sich selbst zu wenig. Ist dies bei dir ebenfalls der Fall, hilft dir ein gut entwickelter Logos, dein Leben, deine Beziehungen und Probleme wie von einer höheren Warte zu betrachten, mit Abstand und nüchterner. Du kommst dir selbst besser auf die Schliche. Männer* können dir weniger Bullshit erzählen. Du wirst durchsetzungsstärker, weil du deinem intuitiven Eros nun einen schöpferischen Logos an die Seite stellst. Gegenwart und Zukunft. Sein und Vision. Du beginnst, feiner zwischen echtem Bauchgefühl und emotionalen Trugschlüssen deines limbischen Systems zu unterscheiden. Natürlich ist es wunderbar, wenn wir tief fühlen können. Eine Frau* aber, die ihre Denkmaschine anwirft, eine Situation auch rational einschätzen kann, Dinge abwägt und die richtigen Entscheidungen trifft, ist in meinen Augen unwiderstehlich. Die Kombination aus Intuition und Nachdenken ist ultimativ sexy. Unser Gefühl lässt uns viel zu oft in Abhängigkeiten verharren, die uns alles andere als guttun. Frauen* haben mir beispielsweise hundertfach in Coachings Dinge gesagt wie: »Ich liebe meinen Partner, aber er trinkt und manchmal schlägt er mich sogar. Ich habe auf der Gefühlsebene eine tiefe Verbindung zu ihm, ich sehe, was er als kleiner Junge alles nicht bekommen hat und dass er es so kompensiert. Ich liebe ihn und will ihn nicht auch noch alleinlassen. Er verspricht mir ja auch immer wieder, dass er sich ändern will, dass er jetzt aufhört – und doch passiert es nicht.« Vielleicht kommt auch dir das bekannt vor. Dieses Beispiel funktioniert auch mit anderen Verhaltensweisen, die es womöglich in deinen Beziehungen gibt, sei es Narzissmus, psychische Gewalt, Fremdgehen oder fehlende Unterstützung in jeglicher Hinsicht. Ich habe all das schon zum Erbrechen oft gehört. Wie wäre es, wenn ich in einer solch co-abhängigen Beziehung meinen Logos aktiviere und scharf nachdenke? Das heißt, wenn meine Partnerin oder mein Partner seit Jahren trinkt, es für mich unerträglich ist und ich in einer Endlosschleife aus Gewalt, leeren Versprechen und wieder Gewalt lebe – was mache ich? Vertraue ich jetzt wieder meinem Gefühl, das mich meist Verbindung fühlen lässt, oder betrachte ich die Situation einmal rational, stelle klare Werte auf und richte mich an denen aus?

Du verfügst bereits über sehr viele verschiedene Intelligenzen. Da bin ich mir sicher. Logos hilft dir, sie zu sehen und noch wirksamer für das einzusetzen, was du wirklich willst. Differenziert zu denken, ist sexy. Unseren geistigen Erkenntnissen zu folgen, noch mehr. Logos ist eine Superpower, die darauf wartet, von uns Frauen* noch viel mehr genutzt zu werden.

SELBSTERFORSCHUNG UND UMSETZUNG

Was sind deine wichtigsten Erkenntnisse aus diesem Kapitel?

_____

_____

_____

_____

Was sind deine wichtigsten Schlussfolgerungen aus diesem Kapitel?

_____

_____

_____

_____

Vorurteile entdecken

Lies dir die folgenden Satzanfänge laut vor und vervollständige sie, *ohne nachzudenken.* So kommst du deinen unbewussten Glaubenssätzen auf die Spur.

Gefühle sind _____

Denken ist _____

Meine Intelligenz ist _____

Ich fühle zu dumm, um _____

Mein Bauchgefühl ist _____

Mein logisches Denken ist _____

Was mich an männlichem Denken nervt, ist _____

_____

Was ich an männlichem Denken bewundere, ist _____

_____

Ich verachte Männer* für _____

Ich verachte Frauen* für _____

Ich bewundere Männer* für _____

Ich bewundere Frauen* für _____

Frauen* sind Männern* überlegen in _____

_____

Männer* sind Frauen* überlegen in _____

_____

Wenn Frauen* denken, dann _____

Ich kann nicht _____

Ich darf nicht _____

Ich will nicht _____

Ich bin schlau in _____

Wenn ich mir vertrauen würde, dann _____

_____

Wenn ich genau wissen würde, was gut für mich ist, dann _____

_____

Ich verrate meine Werte, indem ich _____

_____

Ich drücke mich davor, gründlich nachzudenken, indem ich _____

_____

Wenn ich gründlicher und klarer nachdenken würde, dann _____

_____

Geist bedeutet für mich _____

_____

Liebe bedeutet für mich _____

_____

Dein Denken

Wie denkst du generell über das Denken?

_____

_____

_____

_____

Fühlst du dich kompetent im Denken?

_____

_____

_____

_____

Was magst du am Denken?

_____

_____

_____

_____

_____

Was magst du nicht am Denken?

_____

_____

_____

_____

Was hat dich deine Mutter durch ihr Vorbild über Denken und Bewusstheit gelehrt?

_____

_____

_____

_____

Gibt es etwas, das du an männlichem Denken komplett ablehnst?

_____

_____

_____

_____

_____

Welche negativen Erfahrungen hast du mit männlicher Kraft gemacht?

_____

_____

_____

_____

Welche negativen Erfahrungen hast du mit männlichen Worten gemacht?

_____

_____

_____

Von welchen Männern* würdest du dich gern mehr inspirieren lassen?

_____

_____

_____

_____

_____

Wenn du alles wählen könntest, welche geistige Fähigkeit würdest du gern stärker entwickeln?

_____

_____

_____

Beschreibe deine bisherige Beziehung zu Logos.

_____

_____

_____

Welche Beziehung möchtest du ab jetzt zu Logos haben?

_____

_____

_____

_____

Empfehlungen zur Vertiefung

Ritual I: Lade deinen Logos ein

Besorge dir zunächst einen Gegenstand, der für dich kristallklaren Logos symbolisiert, etwa einen Kristall, ein Buch oder einen besonderen Schreibstift. Dann höre, wenn du möchtest, zur Einstimmung die Meditation »Der Logos in dir« (s. Downloadbereich). Schreibe nun deinem Logos einen Brief. Glaub mir, diese Kraft existiert in deinem Bewusstsein und wartet nur darauf, dass du sie rufst. Teile ihr mit, was du ihr wünschst. Beispielsweise: »Logos, komm voll in mein Leben. Ich bin bereit. Lehre mich, deine Power in Form von Kraft, Tat, Wort und Sinn fein geschliffen einzusetzen. Bitte kläre meinen Geist. Lehre mich, differenziert und smart zu denken. Wenn ich dafür Lehrer*innen oder Inspirationsquellen brauche, dann schick sie mir in den kommenden Tagen. So deutlich, dass ich sie nicht übersehen kann.« Achte von nun an auf Begegnungen oder Anregungen, die sich an deinen Logos richten. Du wirst erstaunt sein, was du bisher alles übersehen hast.

Ritual II:

Es gibt verschiedene Möglichkeiten, deinen Logos zu stärken. Einige davon möchte ich dir hier an die Hand geben. Bau sie doch regelmäßig in deinen Alltag ein:

- **Kraft:** Wähle einmal Krafttraining, Boxen oder Kampfsport als sportliche Aktivität.
- **Tat:** Wähle bewusst ein Projekt aus, welches dir am Herzen liegt, und setze es um.
- **Wort:** Lies Bücher über Kommunikation oder belege Kurse dazu. Lerne, dich noch klarer, differenzierter und erfolgreicher auszudrücken.
- **Sinn:** Lies Bücher über den Sinn des Lebens. Denke über den Sinn deines Lebens nach. Erstelle eine Liste mit deinen wichtigsten Werten.

Lies zudem regelmäßig Bücher, die dir erst einmal zu intellektuell erscheinen oder bei denen du nicht sofort alles verstehst (s. Buchtipps). Triff dich mit Männern*, die du bis jetzt für ihre Art zu denken belächelt hast. Höre ihnen mehr zu. Sieh, dass ihre Art, die Welt zu begreifen, nicht weniger wert ist als deine.

Downloadbereich:
- Unter go.homodea.com/queen findest du die geführte Meditation »Der Logos in dir«. Sie führt dich an die Qualitäten deines Logos heran.
- Außerdem findest du hier einen Audioauszug aus *Genesis* zum Thema Logos.

Buchtipps:
- Ken Wilber: *Integrale Spiritualität. Spirituelle Intelligenz rettet die Welt.* Kösel, 2017
- Richard David Precht: *Wer bin ich – und wenn ja, wie viele? Eine philosophische Reise.* Goldmann, 2012
- Don Edward Beck: *Spiral Dynamics – Leadership, Werte und Wandel. Eine Landkarte für Business und Gesellschaft im 21. Jahrhundert.* Kamphausen Media GmbH, 2020

Filmtipps:
- Tim Bevan, Eric Fellner, Paul Webster (Produktion); Marjane Satrapi (Regie): *Marie Curie – Elemente des Lebens.* 2019
- Theodore Melfi u. a. (Produktion); Theodore Melfi (Regie): *Hidden Figures.* 2016

Die weibliche Visionärin in dir erwecken

 These: Einer der Gründe, warum Männer* über so viele Jahrhunderte die Entwicklung der Menschheit dominiert haben, liegt in ihrer Präferenz des vertikalen Manifestierens. (Was das ist und wie es sich von der meist von uns praktizierten horizontalen Herangehensweise unterscheidet, erfährst du in diesem Kapitel.) Es ist jedenfalls Zeit, dass wir Frauen* nicht nur die Gegenwart, sondern ebenso die Zukunft wesentlich mehr einnehmen.

In diesem Kapitel möchte ich mit dir noch tiefer erforschen, warum uns Männer* in den letzten 10 000 Jahren so oft voraus waren. Warum waren meist sie es, die die Richtung der Entwicklung unserer Gesellschaft, der Wirtschaft und auch der Wissenschaft bestimmt haben? Vielleicht wendest du jetzt ein, es gäbe auch viele Gegenbeispiele. Ich gebe dir recht. Doch unterm Strich kommen wir nicht drum herum, anzuerkennen, dass Männer* viel zu lange und einseitig den Kurs der Menschheit bestimmt haben. Über einige der offensichtlichen Gründe dafür haben wir bereits gesprochen: körperliche Überlegenheit, ein stärkerer Dominanztrieb, Machtgefälle in Beziehungen, frauenfeindliche Religionen, Gesellschaftsstrukturen, die Männer* bevorzugen.

Ich glaube, dass wir über einen weiteren Grund noch viel zu selten sprechen: die Anwendung vertikaler Manifestation. Das mag erst einmal sperrig klingen. Ich habe für diese Perspektive auch keine Beweise, außer der Beobachtung in Gesprächen mit so vielen Frauen* in unseren Seminaren und in meinen Freundschaften. Bitte lass dich davon berühren und überprüfe es für dich selbst. Darauf gebracht hat mich Veit, der sich seit 30 Jahren intensiv mit den Prinzipien von Kreativität, Erfolg und Manifestation auseinandersetzt. Das Thema entsprang einer Diskussion vor einigen Jahren, in der ich mich ihm gegenüber – halb aus Ernst, halb aus Spaß – darüber beschwerte, dass ich mich oft von ihm bei der Entwicklung unserer Company vor vollendete Tatsachen gestellt fühlte. Veit ist ein starker Visionär und wahnsinnig schnell darin, neue Projekte einzuleiten. Ich hatte damals manchmal das Gefühl, mit unserem gesamten Team nicht mehr hinterherzukommen beim Umsetzen der Pläne. Veit lauschte meinen Bedenken und antwortete damals sinngemäß: »Kein Wunder, dass du dich oft überrumpelt fühlst. Ich manifestiere vertikal und du horizontal.« Erst verdrehte ich die Augen und dachte: »Typisch männliche Antwort!« Doch dann wollte ich wissen, was er meinte. Für mich war das ein augenöffnender Moment.

Haben Frauen* weniger Manifestationskraft, Passion und Ausdauer als Männer*? Ganz sicher nicht. Ich würde sogar behaupten, wir sind ihnen zumindest in Ausdauer überlegen. Doch worauf konzentrieren wir unseren schöpferischen Geist meistens? Genau: Auf das, was jetzt gerade ist. Auf das Level an Leben, Beziehung, Arbeit etc., auf dem wir uns gerade befinden. Wir manifestieren jeden Tag Hunderte, ja Tausende von Wundern, indem wir den Alltag meistern, Liebe in unsere Systeme bringen und versuchen, alles in Balance zu halten. Genau das meint *horizontales* Manifestieren. Natürlich gibt es Ausnahmen, aber ich habe bisher noch keine getroffen. Vielleicht möchtest du einmal alle Frauen*, die du kennst, fragen, ob sie eine kristallklare Vision ihres Lebens, ihrer Liebesbeziehung, ihrer Familie, ihres Unternehmens, ihres Landes, ja der Welt für die nächsten zehn Jahre haben. Hast du selbst eine? Ich meine mit »Vision« keine nette Wunschahnung à la: »Ja ich will gern glücklich sein.« Ich meine eine konkrete, messbare, positive Vision von etwas, das jetzt noch nicht in deinem aktuellen Level des Alltags existiert. Du kannst dir selbst und anderen Frauen* auch die Frage stellen: Wie viel Prozent deiner Wachzeit pro Tag verbringt dein Verstand mit dem Abwickeln der alltäglichen Herausforderungen und wie viel Prozent verbringt er in der Vision? Und ganz ehrlich: Wie oft denkst und redest du über das, was du nicht willst, anstatt präzise über das, was du willst? Hör dich unter deinen Schwestern um. Mach die Probe aufs Exempel. Mir fällt es besonders stark in Beziehungscoachings auf. Neun von zehn Frauen*, die zu mir ins Coaching kommen, weil sie mit dem aktuellen Zustand eines oder mehrerer Bereiche ihres Lebens unzufrieden sind, haben keine Vision von dem, was sie wollen! Wenn ich sie frage, warum sie zu mir gekommen sind, erzählen sie mir zunächst hauptsächlich, was sie nicht mehr wollen. Doch so, liebe Schwester, kann es eben nicht funktionieren!

Unser Leben folgt unserem Geist, und der folgt unserem Fokus.

Wenn wir uns hauptsächlich auf das Abarbeiten dessen konzentrieren, was uns auf diesem horizontalen Level vorgesetzt wird, haben wir am Ende unseres Lebens eine Menge Dinge abgearbeitet. Wenn wir uns hauptsächlich auf das fokussieren, was wir nicht wollen, erschaffen wir mehr von dem, was wir nicht wollen. Das ist keine Esoterik, sondern simple, nüchterne Schöpfungslogik. Hier noch ein einleuchtendes Bild: Wenn du die ganze Zeit damit beschäftigt bist, dich auf einem Schiff um die Ernährung der Mannschaft, die Organisation der Abläufe, die Sauberkeit etc. zu kümmern, und die Kommandobrücke oben nie betrittst, wunderst du dich natürlich, wenn du wieder einmal in einem Hafen landest, den du eigentlich nie ansteuern wolltest.

Was ist nun die Alternative? Das vertikale Manifestieren! Dabei trainieren wir unseren Geist darin, uns etwas vorzustellen, was jetzt noch nicht da ist: das nächste Level an Selbstliebe, an Intimität und Lebendigkeit in Beziehungen, an Fairness und Freude beim Wirtschaften ... Bitte lass uns unsere Eitelkeit ablegen und zugeben, dass Männer* im Durchschnitt darin besser waren und es immer noch sind. Ihr Logos ist sehr häufig stärker auf die Zukunft ausgerichtet. Nicht, dass sie diese Gabe immer weise genutzt hätten. Doch während wir schon immer eher damit beschäftigt waren, das Hier und Jetzt abzudecken und am Leben zu erhalten, haben sie den nächsten Schachzug, die nächste Waffe, die nächste Revolution geplant.

Als ich das damals im Gespräch mit Veit kapierte, wurde ich regelrecht wütend, denn für mich hat auch heute noch die tatsächlich intensiv erfahrene Gegenwart einen größeren Wert als eine nur in Träumen stattfindende Zukunft. Doch der Punkt ist: Das vertikale Manifestieren gibt meistens die Richtung vor. Wenn wir Frauen* wollen, dass das Jetzt noch viel mehr von dem widerspiegelt, was wir als gut, wahr und schön empfinden, dann müssen wir selbst öfter in die Zukunft reisen. Wir müssen aktiv wählen, wie das nächste Level aussehen soll. Wir dürfen diese Domain nicht mehr nur den Männern* überlassen.

Stell dir vor, wir säßen uns jetzt gegenüber und ich würde dich bitten:»Beschreibe mir *deine* konkrete, leuchtende Vision für dich selbst in zehn Jahren in Bezug auf deine Liebesbeziehung, dein Unternehmen oder das, für das du arbeitest, das Land, in dem du lebst, und die Menschheit.« Könntest du mir deine Visionen präzise und eindrucksvoll schildern, sodass ich sie selbst in mir sehen kann? Wenn ja, dann lass uns feiern. Wenn nein, dann sollten wir daran arbeiten. Fakt ist: Dein Geist braucht Bilder. Vielleicht sagst du jetzt, du seiest eben mehr der Gegenwartsmensch. Das ist natürlich und verständlich. Bin ich ja auch. Eros ist Gegenwart. Doch beides wird gebraucht. Wenn du in einer Gegenwart lebst, die dir nicht hundertprozentig gefällt, dann solltest du deine Zukunft nicht anderen überlassen, besonders nicht Männern*, die selbst aus der Balance sind. Um also beispielsweise deine Liebesbeziehung auf ein neues Level zu heben, brauchst du Bilder davon, wie deine Beziehung aussehen soll. Ich möchte dir Mut machen, die Visionärin in dir zu entdecken und zu aktivieren.

Seit dem Gespräch damals trainiere ich meinen Verstand, täglich auch einmal in die Zukunft zu reisen. Ich stelle mir vor, wie die Meetings verlaufen sollen. Ich stelle mir meine Wunschbeziehung mit Veit vor. Ich denke konkret über die Zukunft unserer Company nach. Ich

gebe zu, es klingt leichter gesagt als getan. Zunächst landen wir nämlich erneut bei unserer Selbstzeit. Denn seien wir ehrlich: Frauen* sind
die ganze Zeit dabei, eine schier endlos lange To-do-Liste abzuarbeiten: Aufstehen, Frühstück, Kinder, Haus, Einkauf, Wäsche, eigene
Projekte, Fitness, Körperpflege etc. In 24 Stunden passt sehr viel rein
und unsere geistige Kapazität geht bereits für den Alltag drauf. Dennoch betone ich noch einmal: Wenn dich an deiner Gegenwart etwas
stört, nimm dir Zeit, um deinen Geist von der Gegenwart zu lösen
und deine Zukunft zu empfangen. Denn eine weibliche Visionärin zu
sein, heißt nicht, dir irgendetwas auszudenken und dann dieser Ego-
Kopfgeburt hinterherzujagen. Es bedeutet, dich weich zu machen,
deinen Geist zu dehnen und dann eine reale Möglichkeit einer besse-
ren Zukunft zu *empfangen*. Ich experimentiere seit einigen Jahren mit
Trancetechniken, die das lineare Zeitparadigma (sehr männlich, sehr
logoslastig) auflösen und es so möglich machen, in meinem Bewusstsein tatsächlich in eine mögliche Zukunft zu reisen und von dort aus
meine Schritte hier in der Gegenwart zu planen. Klingt verrückt, ich
weiß, aber glaub mir, an eine lineare Aneinanderreihung von Ereignissen zu glauben, ist verrückter.

Lass deine innere Visionärin erblühen, indem du ihr zuerst einmal
gestattest, sich voll ihrer Sehnsucht hinzugeben. Wenn du ahnst, dass
ein bestimmter Bereich deines Lebens noch nicht widerspiegelt, was
sein könnte, ist es völlig normal, dass sich etwas in dir nach dieser
Möglichkeit sehnt. Sehnsucht ist deine unsichtbare Verbindung in
eine bessere Zukunft. Wenn du unzufrieden und unerfüllt mit deiner
Liebesbeziehung bist, dann deshalb, weil deine Sehnsucht eine andere
Version deiner Beziehung erahnt. Lass dir weder von irgendeinem Typen, der seine Ruhe haben will, noch von der Gesellschaft, die es nicht
besser kennt, ein Mittelmaß einreden, das dich verdursten lässt. Folge
deiner Sehnsucht. Aber eben nicht, indem du dich ständig seufzend
darüber beklagst, dass du *nicht* hast, was du willst. Missstände auf-
zuzählen, ist für unser Gehirn immer einfacher, weil es energiesparender ist, als sich zu einer positiven Vision emporzuschwingen. Ich

wünsche mir, dass wir Frauen* alle Miseren klar beim Namen nennen und dennoch den Hauptanteil unserer schöpferischen Kraft auf das Erschaffen von Visionen richten, die möglichst viele Menschen, auch Männer*, entflammen und zum Mitmachen motivieren. Wie gesagt: Das Leben, das du führst, ist das Ergebnis dessen, worauf du deinen Geist während der letzten Jahre fokussiert hast. Das musste ich mir bei der Diskussion damals mit Veit auch eingestehen. Es half nichts, mich über ihn zu beklagen. Ich hatte ihm die Zukunft überlassen. Seitdem ich dort selbst öfter weile und klarer zurückkomme, kann Veit mich nicht mehr so leicht überrumpeln. Er macht dann manchmal einen hitzigen Vorschlag und ich kann aus voller Überzeugung sagen: »Interessante Idee. Lass uns ins Ruhe darüber reden, denn ich habe in unserer Zukunft etwas anderes gesehen.« Interessanterweise beobachte ich, dass er seitdem auch mehr Gefallen an der Gegenwart empfindet und sich sehr gern von mir inspirieren lässt. Es ist, als würden wir mehr in Balance co-creieren.

Also, sollte dir irgendein Aspekt deiner Realität nicht gefallen, richte deinen Fokus auf das aus, was du *willst*. Geh in den inneren Raum, dessen Türschild sagt: »Alles ist möglich und meine Sehnsucht ist heilig.« Vergiss zunächst das Wie. Das kommt viel später. Formuliere *für dich selbst* das, was du willst, und zwar in Bezug auf

o dich selbst,
o deine wichtigsten Beziehungen,
o deine Familie,
o die Teams, in denen du wirkst,
o dein Land,
o unsere Menschheit.

Nähre deinen Geist mit deinen kraftvollen Bildern. Sieh die Farben. Spüre sie. Schmecke sie. Sprich mit Menschen, denen du vertraust, über deine Bilder. Weihe sie ein und bitte sie darum, deine Zeug*innen zu sein. Jedes einzelne deiner Gespräche verstärkt entweder die Gegenwart oder empfängt die Zukunft. Sprich also mehr darüber, was du willst und bereit bist zu erschaffen. Versorge deine Visionen mit Emotionen, damit sie sich tief in dir verankern können.

Tanze jeden Morgen zum Beispiel zu deinem Lieblingslied, so wie ich das beim Schreiben dieses Buches gemacht habe, um die Texte für euch zu empfangen. Beim Tanzen habe ich aufgehört, mein *Ich kann nicht!* länger zu nähren. Stattdessen habe ich mir diesen Moment vorgestellt. Ich habe mir vorgestellt, wie du diese Zeilen liest und dich selbst in dir wiedererkennst. Hab den Mut, es zu probieren. Du hast das Recht, dein Leben aktiv zu gestalten und gemeinsam mit uns allen eine gute Zukunft zu erschaffen. Und keine Sorge. Dafür musst du nicht permanent in der Zukunft sein. Beginne deinen Morgen, indem du der Visionärin in dir erlaubst, sich mit ihrer Absicht zu verbinden: Wie willst du diesen Tag erleben? Wie willst du die einzelnen Stationen verbringen? Dann nimm dir noch einige Minuten Zeit, um über die Zukunft eines wichtigen Lebensbereiches nachzudenken. Das kann das eine Mal deine Liebesbeziehung sein, das andere Mal dein Unternehmen. Frage dich: Durch welche Handlungen und durch welche geistvollen Gespräche möchte ich heute diese kostbaren Visionen nähren? Schenke deinen Visionen nur einen Bruchteil der Kraft, die du in das Aufziehen deiner Kinder und die Organisation deines Alltags investierst – und du wirst bereits unaufhaltsam sein. Sei smart und hör auf, dein Leben abzuarbeiten und auf Wunder zu hoffen. Beginne, dein Leben zu erschaffen. Betrachte deine Vision wie ein Kind. Auch hier kannst du die vier Elemente der Mutterschaft anwenden:

- ○ Befruchtung: Empfange eine Vision.
- ○ Vermehrung durch Teilung: Denke über die Vision nach. Teile sie in Gesprächen.
- ○ Hüten des Programmes: Lass sie dir von niemandem kaputtreden. Hüte sie durch Meditation, Tanz, gute Freundschaften und tägliche Taten.
- ○ Loslassen: Irgendwann wird deine Vision so groß, dass sie ein Eigenleben entwickelt. Sie manifestiert sich als deine Gegenwart. Du kannst sie jetzt loslassen und genießen.

In der weiblichen Visionärin verbinden sich Eros und Logos in einem schöpferischen Tanz: die Achtung und der Genuss der Gegenwart auf der einen Seite und das freudige Empfangen der Zukunft auf der anderen. Königinnen leben nicht in den Tag hinein. Sie haben eine Vision für sich selbst, für ihre Beziehungen, für ihr Land.

Sei eine Königin mit
einer strahlenden Vision.
Teile sie klar aufleuchtend mit uns allen.
Die, die zu dir gehören, werden deinem Ruf antworten.

SELBSTERFORSCHUNG UND UMSETZUNG

Was sind deine wichtigsten Erkenntnisse aus diesem Kapitel?

_____

_____

_____

_____

Was sind deine wichtigsten Schlussfolgerungen aus diesem Kapitel?

_____

_____

_____

_____

Visionen

Welche Beziehung hattest du bis heute zu Visionen?

_____

_____

_____

In welchen Bereichen deines Lebens hast du das Gefühl, nicht wirklich dein volles Potenzial zu leben?

1. Bereich: _____

2. Bereich: _____

3. Bereich: _____

Hast du in diesen drei genannten Bereichen eine kristallklare, konkrete Vision?

1. Bereich: ☐ ja ☐ nein
2. Bereich: ☐ ja ☐ nein
3. Bereich: ☐ ja ☐ nein

Was schätzt du, wie viel Zeit deines Tages verbringst du in Gedanken und Handlungen mit der Abwicklung der Gegenwart?

_____ Prozent

Was schätzt du, wie viel Zeit deines Tages verbringst du in Gedanken und Handlungen mit dem Kreieren deiner Zukunft?

_____ Prozent

Unerfüllte Lebensbereiche

Picke dir drei Lebensbereiche heraus. Was schätzt du, wie viel Prozent deiner Gedanken fokussieren sich eher auf das, was du *nicht* willst, und wie viel auf das, was du willst?

1. Bereich:

_____ Prozent Fokus bei dem, was du nicht willst

_____ Prozent Fokus bei dem, was du willst

2. Bereich:

_____ Prozent Fokus bei dem, was du nicht willst

_____ Prozent Fokus bei dem, was du willst

3. Bereich:

_____ Prozent Fokus bei dem, was du nicht willst

_____ Prozent Fokus bei dem, was du willst

In welchen Bereichen ist es Zeit, dass du endlich eine knackige, bombastische, konkrete Vision deiner gewünschten Zukunft formulierst?

_____

_____

_____

_____

Kreieren der Zukunft

Hast du einmal dein Leben in zentrale Bereiche aufgeteilt, etwa in Liebesbeziehung, Familie, Beruf, Selbstverwirklichung ...?

☐ ja   ☐ nein

Hast du schon einmal deine Wünsche für diese Lebensbereiche konkret und positiv formuliert?

☐ ja   ☐ nein

Hast du schon einmal die bewusste Erfahrung gemacht, dass sich diese Wünsche auch manifestieren?

☐ ja   ☐ nein

Falls ja, was ist geschehen? Wie hast du das gemacht? Falls nein, warum nicht? Was, glaubst du, hat gefehlt?

_____

_____

Welcher Lebensbereich beschäftigt dich gerade am stärksten? Wenn du für diesen Bereich sämtliche Wünsche erfüllt bekämest und alles sich so gestalten würde, wie du es dir erhoffst, wie sähe dein Leben in diesem Bereich aus?

_____

_____

Verfügst du über eine tägliche Erfolgsroutine, um deine vertikalen Visionen auf die Erde zu bringen?

☐ ja   ☐ nein

Wenn ja, beschreibe sie. Wenn nein, warum nicht? Wie könntest du solch eine Routine in deinen Alltag integrieren?

_____

_____

Unterstützen deine nahen Menschen im privaten und beruflichen Umfeld deine Visionen?

_____

_____

Welchen Menschen gegenüber würdest du gern ganz gerade und klar einen dir wichtigen Wunsch äußern?

Person: _____

Mein Wunsch:_____

Person: _____

Mein Wunsch: _____

Person: _____

Mein Wunsch: _____

Wann wirst du den Wunsch aussprechen?

_____

Empfehlungen zur Vertiefung

Ritual: Empfange deine beste Zukunft

Nimm dir ausreichend Selbstzeit und finde einen Ort, an dem du ungestört bist. Lege Papier und Schreibzeug parat. Höre zunächst die Meditation »Deine Reise in die Zukunft« (s. Downloadbereich). Beginne unmittelbar danach mit dem Schreiben. Dein Ausgangspunkt ist: »Alles ist möglich und deine Sehnsucht ist Ausdruck einer wahren Ahnung.« Formuliere dein Leben schriftlich exakt so, wie du es haben möchtest, und berücksichtige hierbei sämtliche Lebensbereiche: die Beziehung zu dir selbst, deine Liebesbeziehung, deine Familie, deine Arbeit, ja die ganze Welt. Lass dabei einfließen, was du in der Meditation empfangen hast.

Hinweis: Es ist vollkommen okay, wenn du während der Meditation nichts empfangen hast. In dem Fall lass es einfach aus dir herausfließen, so wie es dir nun in den Sinn kommt.

Downloadbereich:
- Unter go.homodea.com/queen findest du den Vortrag »Lebe aus der Zukunft in die Gegenwart hinein«.
- Ebenfalls dort findest du die Meditationen »Deine Reise in die Zukunft« (s. Ritual), die deine Fähigkeit trainiert, in deine eigene Zukunft zu reisen, und »Eine Botschaft aus deiner Zukunft«, in der du deinem zukünftigen Ich begegnest.

Kurstipp:
- Zum Trainieren deiner Manifestationskräfte und Selbstwirksamkeit empfehle ich dir den Onlinekurs »erfolgswerk« auf www.homodea.com.

Buchtipps:
- Veit Lindau: *Werde verrückt. Wie du bekommst, was du wirklich-wirklich willst.* Goldmann, 2019

- Veit Lindau: *Wunderwerk. Wie du das Unmögliche möglich machst.* unum, 2021
- Felicitas von Aretin: *Ungewöhnliche Unternehmerinnen und das Geheimnis ihres Erfolgs. 20 Porträts.* Elisabeth Sandmann Verlag, 2021
- Caroline Criado-Perez: *Unsichtbare Frauen. Wie eine von Daten beherrschte Welt die Hälfte der Bevölkerung ignoriert.* btb, 2020
- Fempress Media (Hrsg.): *Wie hast du das gemacht? 25 Frauen. 25 Geschichten. 25 Lektionen über Leben, Selbstverwirklichung und Erfolg.* Books on Demand, 2017

Filmtipps:
- Dan Levine u. a. (Produktion); Denis Villeneuve (Regie): *Arrival.* 2016
- Danny DeVito, Michael Shamberg, Stacey Sher (Produktion); Steven Soderbergh (Regie): *Erin Brockovich.* 2000
- Ric Kidney, Marc Platt (Produktion); Robert Luketic (Regie): *Natürlich blond.* 2001
- Elaine Goldsmith-Thomas, Paul Schiff, Deborah Schindler (Produktion); Mike Newell (Regie): *Mona Lisas Lächeln.* 2003

Jede Frau* ist eine Mutter

 These: Mutterschaft ist eine der tiefsten weiblichen Urqualitäten. Deshalb ist es für unser Selbstverständnis und unsere Selbstachtung wichtig, dass wir die Deutungshoheit und die Art, wie wir dieses Wunder verwirklichen wollen, zu uns zurückholen. Selbst wenn du physisch keine Kinder bekommen kannst oder willst, lies dieses Kapitel. Mutterschaft ist so viel mehr.

Für die meisten Frauen* ist die Auseinandersetzung mit der Frage »Möchte ich in diesem Leben Kinder gebären, und wenn ja, wie möchte ich sie großziehen?« eine elementare Auseinandersetzung mit dem Wert und dem Sinn ihres Lebens. Wo stehst du diesbezüglich?

Die einen haben diese Rolle bereits inne, die nächsten wollen unbedingt einmal Mütter werden, andere wollen dies auf keinen Fall, vielen ist es nicht vergönnt, obwohl sie gern würden, manche lassen es offen. Ich kenne viele Frauen*, die diese Entscheidungen enorm stark bewegen und zum Teil auch emotional belasten. Das ist verständlich. Denn Mutterschaft ist als Prinzip so tief in unsere Matrix eingewoben – wir müssen uns darauf beziehen und die für uns wahrhaftigste Antwort finden. Doch bevor wir in die gesellschaftlich vorgegebene Trance einrasten, die Frauen* für unvollständig hält, wenn sie kein Kind gebären, lass uns unseren Geist wachschütteln und dehnen. Mutterschaft ist nämlich in Wahrheit viel mehr als das Gebären eines Kindes und kann sich in sehr verschiedenen Formen ausdrücken.

Also, was ist eigentlich Mutterschaft? Für die meisten ist eine Mutter eine Frau*, die schwanger war, ein Kind geboren hat und es großzieht. Wenn wir es so betrachten, gibt es Mütter und es gibt »Nichtmütter«. Das Patriarchat hat Frauen* dazu gebracht, sich als minderwertig zu betrachten und zu fühlen, wenn sie diesen »Job« nicht erfüllen. Kinder gelten schließlich als die Garantie für den Fortbestand einer Familie.

Diesen tief verwurzelten Selbstzweifel erlebe ich auch heute noch in wunderbaren, (eigentlich) selbstbewussten Frauen*, die entweder keine Kinder bekommen wollen oder nicht können. Sie fragen sich wieder und wieder:»Was bin ich dann wert? Und vermisse ich nicht etwas Entscheidendes?« Die Antwort lautet: Nur wenn wir weiter an dieser krass reduktionistischen Sicht auf Mutterschaft festhalten, denn in Wahrheit ist sie so viel mehr. Mutterschaft ist ein gewaltiges Prinzip der Schöpfung und es setzt sich aus vier urweiblichen Elementen zusammen:

Empfängnis – Teilung – Hüten – Loslassen

Schauen wir uns das zuerst auf biologischer Ebene an. Empfängnis bedeutet, die Eizelle empfängt den Samen. Die beiden verschmelzen miteinander. Die Teilung beginnt. Alchemistisch gesehen ist dies spannend, weil durch diese Teilung letztendlich *mehr entsteht*. Das ist insofern bemerkenswert, da uns in unserer Gesellschaft immer wieder suggeriert wird, durch Abgeben würden wir verlieren und am Ende reiche es dann nicht für alle. Doch das weibliche Prinzip weiß um die Vermehrung durch Teilung. Die Zellen wissen, was sie zu tun haben, denn sie enthalten ein genetisches Programm. Die Aufgabe ab dieser Stelle ist es, das Programm zu hüten. In den ersten neun Monaten geschieht dies, indem der Mutterleib alles an Sicherheit und Versorgung zur Verfügung stellt. Später, wenn das Kind auf der Welt ist, sollte ihm alles freigegeben sein, dass sich sowohl sein genetisches als auch sein seelisches Programm optimal entfalten kann. Nicht die Mutter zieht das Kind groß. Der im Kind pulsierende Lebensauftrag zieht alles aus der Umgebung an: Nahrung, Nähe, Kontakte, Informationen … Wenn das Programm auf sich selbst aufpassen kann, kommt der vielleicht schwerste Teil der Mutterschaft. Du musst es loslassen. Nur so kann es sich wirklich frei entfalten, eigene Fehler begehen, selbst empfangen, selbst teilen, hüten … Und so setzt sich der Kreis des Lebens fort. Dasselbe passiert mehr oder weniger komplex in jeder Lebensform. Im Mutterboden ruht eine Eichel. Kommt Wasser dazu (Empfängnis), beginnt die Teilung. Die Erde hütet das Programm der Eichel mit Dunkelheit, Wärme und Mineralien. Irgendwann wird daraus ein Baum. Die Erde lässt ihn los, lässt ihn weit in den Himmel wachsen. Auch dieser Baum gebiert irgendwann wieder selbst Eicheln …[24]

Schon bei dieser Beschreibung wird deutlich, dass eine »gute« Mutter sich durch weit mehr auszeichnet, als ein Kind in die Welt zu setzen. Denn wie ergeht es wohl diesem Kind, wenn es eben nicht liebevoll gehütet wird oder später nicht losgelassen werden kann? Doch ich möchte dieses existenzielle Thema mit dir gemeinsam noch weiter aufdehnen und frage dich: Müssen sich diese essenziellen Elemente unserer Mutterschaft – Empfangen, Teilen, Hüten, Loslassen – immer auf ein Kind beziehen? Muss es unbedingt unsere eigene, physische Empfängnis sein? Nein. Natürlich wünsche ich es dir von Herzen, wenn es dein absolut klarer Ruf ist. Doch wie viel von diesem Ruf ist vielleicht gar nicht unsere Stimme, sondern das Ergebnis einer jahrtausendealten strukturellen Konditionierung, die Frauen* als unvollständig verachtet hat, wenn sie keine eigenen Kinder zur Welt brachten? Ist das *die* Wahrheit oder vielmehr ein patriarchales, ethnozentrisches (der eigenen Sippe dienendes) und lange überholtes Paradigma? Ich kann und will es dir nicht abnehmen, dir deine eigene Meinung zu bilden. Doch bitte mach dir klar, dass wir alle durch dieses System massiv gebrainwasht wurden.

Daher wage ich mich etwas weiter und frage dich: Muss es unbedingt unser »eigenes« Kind sein? Oder wurzelt wirkliche, wache Mutterschaft nicht in dem viel tieferen Verständnis, dass letztendlich jedes Kind dieser Erde uns alle angeht? Warum können wir uns nicht die vier Elemente miteinander teilen, wie es Frauen* früherer Stammeskulturen und auch heutiger matriarchaler Kulturen völlig selbstverständlich getan haben?[25] Warum können wir nicht den für mich persönlich bedeutsamsten Part – das Hüten – für ein Kind übernehmen, das eine andere Frau* empfangen hat? Oder sogar für viele Kinder durch den Aufbau einer Schule, in der sie ihr wahrhaftes Potenzial entfalten können? Wusstest du, dass Maria Montessori, die Begründerin eines der ganzheitlichsten Schulsysteme, ihren eigenen unehelichen Sohn aufgrund des sozialen Drucks heimlich zur Welt brachte und dann in eine Pflegefamilie gab?[26] War sie deshalb eine »schlechte« Mutter? Oder hat sie ihre Mutterschaft vielmehr auf eine Weise entfaltet, die das Potenzial von Millionen von Kindern schätzt und fördert?

Doch lass uns auch hier noch nicht stehen bleiben, sondern lass uns eine weitere Mauer unseres geistigen Gefängnisses einreißen. Wer hat je festgelegt, dass sich Mutterschaft immer auf ein Menschenkind beziehen muss? In einer Zeit, in der die Erde extrem dünn besiedelt war und wir uns primär als bewusste Tiere begriffen, mag das Sinn ergeben haben. Doch erstens sind wir mittlerweile genug und zweitens sind wir so viel mehr als unsere Körper. Wir sind Seelen und geistige Schöpferinnen. Wir können die vier Elemente unserer Mutterschaft auf ganz anderen Ebenen ausdrücken. Du kannst als Frau* durch eine Erfindung die Welt für immer verändern. Marie Curie empfing eine Idee, hütete sie und teilte sie mit der Welt. Melinda Gates empfing den Wunsch zu helfen, und sie hütete diesen Wunsch, indem sie bis heute Millionen von Frauen* auf der Welt dazu ermächtigt, wieder die Kontrolle über ihre Empfängnis zurückzugewinnen und durch ein eigenes Business Selbstständigkeit zu erlangen.[27]

Damit will ich weder die körperliche Mutterschaft kleinreden noch will ich dir einen lahmen Ersatz andrehen, wenn du dir von Herzen wünschst, Mutter zu werden, es aber aus verschiedenen Gründen nicht gelingt. Was ich sagen will: Erkenne dich, deinen Körper, doch vor allem deinen Schöpfergeist an. Reduziere dich nicht auf das Gebären eines Kindes. Du kannst ein Buch schreiben, ein Haus entwerfen, einen Wald anlegen, die Erde retten. Alles ist Mutterschaft. Ich bin zutiefst davon überzeugt, dass jede einzelne Frau* ihren ureigenen Mutterauftrag hat. Erschaffe für dich nicht unnötig Leid, indem du dich mit anderen vergleichst oder dich von der Gesellschaft verrückt machen lässt. Find deine Form des Mutterseins. Gebäre ein Kind oder ein Projekt oder beides. Die Natur unterstützt uns, indem sie uns gibt, was wir brauchen, um einen kleinen Menschen oder eben ein Projekt entstehen zu lassen. Vermehre, was du empfängst, indem du es teilst. Die Welt leidet nicht wirklich an Mangel. Es ist – rein rechnerisch – für alle ausreichend da. Der Mangel wird durch viele Millionen ängstliche und gierige Geister erzeugt, die glauben, Teilen würde uns ärmer machen. Die Muttergöttin in dir weiß es besser. Bewusstes Teilen vermehrt. Teile deine Ideen. Teile deine Sehnsucht, deine Passion, deine Liebe. Teile auch deine Kinder, indem du dich von der fixen Idee löst, du müsstest alles allein machen.

Ich lade dich ein, das Wunder der Mutterschaft neu, tiefer, zeitgemäß zu entdecken. In alten Stammeskulturen wurde die Frau* dafür verehrt, dass sie empfangen und gebären kann.[28] Sie wurde als menschliche Inkarnation der Göttin selbst gesehen, denn nur durch sie kam neues Leben auf die Erde. Lange Zeit wusste niemand, wie genau eine Schwangerschaft entsteht. Durch die Frau* wirkte die große Göttin der Fruchtbarkeit. Menschen haben zu allen Zeiten Liebe gemacht, doch es wurde kein Zusammenhang zwischen der Interaktion mit einem einzelnen, bestimmten Mann* und dem Gebären von Kindern gesehen. Die Macht war vollkommen bei der Frau* – sie gebar ein Kind, wenn *sie* es *wollte*. Der Vater war nebensächlich. Männer* haben damals das Erschaffen von Kindern nicht persönlich genommen. Die Geburt eines Kindes war auch für sie ein absolutes Wunder.[29]

Erst mit dem Patriarchat, als die Menschen sesshaft wurden, änderte sich alles.[30] Der technologische und gesellschaftliche Fortschritt veränderte maßgeblich das Leben von uns Frauen*. So vieles war jetzt anders im Leben einer Frau*. Sie war nun an einen Ort gebunden und an einen Mann*, sie war nicht mehr Teil eines Kollektivs. Hinzu kam: Dem Mann* gehörte der Besitz und letztendlich auch die Frau*. Frauen* verloren den Zugang zu ihren Quellen der Kraft. Irgendwann in diesen Zeiten kam der Mann* auf die glorreiche Idee: »*Ich* bin der Erzeuger des Kindes! *Ich* habe das Kind gemacht.« Was für ein Größenwahn! Ein wesentlicher Part der Entmachtung der Frau* durch das Patriarchat bestand und besteht also darin, Kontrolle über ihre Empfängnis, die Geburt und das Aufziehen der Kinder zu bekommen. »Sie gebiert mir *meine* Nachfahren und zieht sie für *mich* groß.«[31] Während Frauen* sich früher völlig selbstverständlich das Hüten der Kinder teilten, landeten sie nun in der Begrenzung der Kleinfamilie. Gebunden durch häufige Schwangerschaften und das Hüten der Kinder, wurden sie immer abhängiger von ihrem Mann*. Patriarchale Religionen haben dieses Machtverhältnis noch mit der Autorität »Gottes« verstärkt. In der Bibel heißt es an gleich mehreren Textstellen: Die Frau* steht unter dem Mann*.[32] Sie ist ja sogar aus seiner Rippe entstanden.[33] Von nun an konnte sich der Mann* sogar auf Gott berufen und die Frau* dirigieren, unterdrücken und ausbeuten. Die Menge an Arbeit für die Frau* nahm enorm zu. Sie trug, gebar und zog die Kinder groß – oft sehr viele –, zusätzlich hütete sie Haus, Hof und Tiere und dann hatte sie auch noch schwere Feldarbeit zu verrichten. Der Mann* dachte: *Ich entscheide. Ich habe die totale Kontrolle.* Wir Frauen* finden uns immer noch in vielen patriarchalen Kulturen im Gefängnis – im Gefängnis der äußeren Bedingungen und im Gefängnis der Begrenzungen unseres eigenen Geistes. Die Geburtenregelung liegt bis heute in vielen Ländern der Erde nicht in unseren Händen, sondern der Mann* bestimmt über unseren Körper.[34] Verhütung ist ein für viele Frauen* immer noch nicht verfügbares Werkzeug. Viele Frauen* haben nicht das Recht, sich selbstbestimmt für oder gegen ein Kind zu entscheiden. Entweder wird es von der Kirche zentral geregelt oder Frauen* benötigen das Einverständnis des Mannes*. Häufig haben Frauen* schlichtweg nicht die ökonomischen Möglichkeiten, für sich selbst zu entscheiden.[35] Unser Körper gehört also nicht immer uns. Und die Trance in unseren Köpfen sitzt so tief. Auch in einem relativ fortschrittlichen Land wie Deutschland. Du denkst vielleicht noch heute, dass du kein vollständiges Mitglied der Gesellschaft bist, wenn du keine Kinder bekommen willst oder sie nicht bekommen kannst. Und wenn du Kinder bekommst, landest

du, wenn du nicht aufpasst, schnell in den Beschränkungen der Kleinfamilie. Bitte wisse, mir geht es nicht darum, Familienglück infrage zu
stellen. Ich selbst liebe meine Familie. Doch die Frage ist: Sind unsere
Beziehungsstrukturen bewusst gewählt oder rutschen wir in vorgegebene Modelle hinein? Und dienen sie wirklich der vollen Potenzialentfaltung aller Beteiligten oder führen sie zu Überanstrengung und
Co-Abhängigkeit?

Hol dir deine Power zurück, indem du so bewusst wie möglich ent-
scheidest, wie du die vier Elemente deiner Mutterschaft leben willst.
Hol dir deine Power zurück, indem du dir Fragen wie die folgenden
ganz bewusst stellst und sie für dich ehrlich beantwortest:

o Was willst du empfangen? Inspiration? Wissen? Geist? Samen?
o Wann und wie willst du empfangen?
o Was willst du mit wem teilen? Mit wem willst du deine Liebe,
  dein Wissen und deine Präsenz teilen?
o Wie willst du die Welt bereichern? Durch ein »physisches« Kind
  und/oder durch ein geistiges?
o Was oder wen willst du wie hüten? Welches Projekt willst du
  großziehen? Wie willst du deine Kinder aufziehen? Macht es
  wirklich Sinn, alles über eine Kleinfamilie regeln zu wollen?
o Was oder wen willst du loslassen? Wann ist es Zeit, dein Kind
  ziehen zu lassen?
o Würde es dir guttun, die Idee von einem eigenen Kind loszulassen und dich für eine größere Perspektive in Bezug auf Mutterschaft zu öffnen?

Es gibt mehr als 3,5 Milliarden Frauen* auf unserem Planeten[36] und
jede von ihnen sollte das Recht haben, so bewusst und frei wie möglich ihre Form der Mutterschaft zu wählen.

Ich möchte dir eine Geschichte aus meinem eigenen Leben erzählen: Als ich mit meiner Tochter schwanger wurde, war ich fast am
Ende meiner Hebammenausbildung. Es fehlte mir nur noch eine Prüfung zum vollständigen Abschluss, um frei arbeiten zu können. Mir

war immer klar, dass ich mein Kind erst mit etwa zwei Jahren in die Kita geben wollte. Ich wollte die ersten eineinhalb Jahre mit ihr zusammen sein, sie stillen und ganz für sie da sein. Für die Zeit danach habe ich mir gewünscht, dass der Vater übernähme, ein halbes Jahr mit ihr zu Hause bliebe und ich meinen Abschluss machen könne. Innerlich bin ich von einem Deal zwischen mir und dem Vater meiner Tochter ausgegangen. Als Leona eineinhalb Jahre alt war, sprach ich es bei ihrem Vater an – und wir konnten uns an diesem Punkt nicht einigen. Er wollte seine Karriere nicht unterbrechen. Ich war zutiefst enttäuscht. Ich selbst wollte niemals ausschließlich Mutter sein, sondern ich wollte auch Frau* sein und meinen Beruf ausführen. Ich wollte »ganz« sein, mich voll erfüllen, und diese Erfüllung sah ich für mich in der Kombination aus Mutterschaft und beruflicher Entfaltung.

Ich wette, diese Situation kennen viele Frauen*. Ich wusste damals instinktiv, dass ich einen powervollen Move machen musste. Ich wollte nicht auf irgendjemanden warten, sondern mich in Bewegung setzen. Also schnappte ich mir mein Kind und suchte nach Frauen*, mit denen ich leben und Kids und Aufgaben teilen konnte. Natürlich, so heruntergebrochen klingt es um ein Vielfaches einfacher und klarer, als es damals für mich war. Ich zog damals mit einer Freundin und ihren zwei kleinen Kindern zusammen. Wir haben unser Leben geteilt und uns in allem unterstützt. Jede von uns konnte plötzlich auch mal etwas abgeben, denn wir haben die Kids gemeinsam gehütet, gemeinsam Essen gekocht und aufeinander geachtet. Jede konnte mal ausschlafen, in Ruhe duschen, ein Buch lesen, ausgehen. *The jackpot of my life* in meiner Situation als junge Mutter. Ich kann nur jeder jungen Mutter und auch jedem Vater raten, von Anfang an groß und kreativ zu denken. Auch später, als Veit dazukam (Leona war zu diesem Zeitpunkt drei Jahre alt), haben wir unsere Dreisamkeit zwar sehr genossen, doch immer darauf geachtet, dass wir nicht im Konzept einer Kleinfamilie einschlafen. Wir haben uns mit anderen Familien zusammengetan und geteilt. Wir haben darauf geachtet, dass Leona so viel Austausch und Freiheit bekommt, wie sie sich wünscht, und dass gleichzeitig auch wir unsere Bedürfnisse gut erfüllen konnten. So sind auch die Kindergruppen bei unseren Seminaren entstanden. Eine Win-win-win-Situation für alle. Die Erwachsenen konnten sich ihrer Weiterbildung widmen und hatten die Kids dabei. Und die Kids hatten immer eine Menge Spaß. Ich möchte jetzt noch einmal etwas näher auf das vierte Element eingehen. Die höchste Reife unserer Mutterschaft ist die Kunst, das Kind, welches wir hüten durften, loszulassen. Wenn du mich fragst, tritt dies nicht erst ein, wenn unser Kind aus dem gemeinsamen Zuhause auszieht. Je eher wir verstehen und auch so handeln, dass dies nicht »unser« Kind ist, sondern eine uns temporär anvertraute Seele, desto weniger laufen wir Gefahr, es für unsere Defizite zu gebrauchen.

Dies ist die dunkle Seite der Mutterschaft: das Risiko, dass wir nicht bereit sind, die anfängliche Symbiose zu öffnen. Dann kompensieren wir unsere unerfüllten Bedürfnisse über unser Kind. Es begreift schnell, dass wir es offenbar brauchen, um glücklich zu sein, und es wird aus Liebe zu uns einen unbewussten Vertrag eingehen: Es wird Zeit mit uns verbringen, auch wenn es woanders eventuell mehr Inspiration für seinen Weg empfangen könnte. Es wird uns emotional trösten und schonen, indem es sich nicht frei entfaltet, sondern nach unseren Wünschen. Wie Khalil Gibran es so wunderbar poetisch beschrieben hat:

>*»Eure Kinder sind nicht eure Kinder.*
>*Sie sind die Söhne und die Töchter der Sehnsucht,*
>*des Lebens nach sich selber.*
>*Sie kommen durch euch, aber nicht von euch.*
>*Und obwohl sie mit euch sind, gehören sie euch doch nicht.«*[37]

So besteht die vielleicht größte Liebe einer Mutter eben darin, das Kind von Anfang an frei zu lassen, es zu hüten, aber nicht zu erdrücken. Ich werde in unseren Seminaren oft gefragt:»Was kann ich tun, damit mein Kind glücklich ist?« Meine Antwort lautet stets:

*Tu deinem Kind einen Gefallen und
lebe selbst ein glückliches Leben.
Es wird genau dies von dir lernen.*

Du siehst, Mutterschaft ist ein wirklich komplexes Thema. Fassen wir noch einmal zusammen: Einer der zentralen Schlüssel zu einer neuen Gesellschaft ist unsere Hoheit über unsere Mutterschaft. Wir sind keine »Produktionsstätten«. Wir sind Wunder. Es war ein langer, schmerzhafter Weg. Die Zeit ist gekommen, dass wir uns nicht länger kleinmachen, sondern anerkennen, was wir tagtäglich schaffen – sei es als Mutter oder als Frau*. Wenn ich Frauen*, die mitunter mehrere Kinder großgezogen haben oder großziehen, frage, was sie denn arbeiten, antworten viele: »Nichts. Ich bin mit meinen Kindern zu Hause.« Was für eine krasse Aussage. Das heißt, sie haben die Verbindung zu ihrer Leistung verloren. Ich wünschte, jede dieser Frauen* würde ihr Wirken als *hochspezialisierten Job sehen und fühlen*. Versuche einmal zu berechnen, was eine Stunde dieser Arbeitszeit wohl kostet. Dein Job als Mutter braucht so viele wertvolle Skills.

Du als Mutter bist unbezahlbar.

Und wie viele Frauen* bekommen dann noch von ihren Männern* zu hören: »Ich bringe das Geld nach Hause.« Wenn du mich fragst, sollte jedes Paar, bevor es sich auf das Abenteuer Familie einlässt, diesen Punkt schonungslos nüchtern und genau auf dem Papier klären. Ihr seid *ein* System und das Geld, das hereinkommt, gehört euch beiden.

Politik und Gesetz sollten uns natürlich dabei unterstützen, aber wir dürfen nicht darauf warten. Männer* sollten uns ebenfalls unterstützen, doch wir dürfen uns davon nicht abhängig machen. Befreie deinen Geist, Schwester. Erkenne selbst deinen Wert, dann wird es auch die Welt um dich herum tun. Schüttle all die tausend Stimmen aus deinem Kopf heraus – Gesellschaft, Mann*, Eltern, Kirche etc. –, die dir erzählen, was du tun solltest und was nicht. Du hast das Recht, deine Form der Mutterschaft frei zu wählen. Ich will hier nichts rosarot beschönigen. Der Spagat zwischen Muttersein und Karriere, den Frauen* heute oft leisten müssen, ist enorm. Er ist oft sehr ungesund und wir zahlen einen unfassbar hohen Preis dafür. Bitte warte nicht darauf, dass es irgendjemand für dich richtet. Sei smart. Von Anfang an. Frag dich, was du willst und was du brauchst. Liebe Frau*, mach es so für dich, dass es gut und einfach optimal ist.

Mutter zu sein, ist für diejenigen von uns, die es sein wollen und können, ein tiefes Wunder. Keine Mutter zu sein, ist für diejenigen, die es nicht werden können, obwohl sie es unbedingt wollen, ein großes Leid. Viele von ihnen dealen mit dem tiefen Schmerz, nicht vollständig zu sein. Ich hoffe, dass dieses Kapitel dir dabei hilft zu verstehen, dass deine schmerzhaften Gefühle nicht nur aus deiner eigenen Wahrheit stammen, sondern oft durch gesellschaftlichen Druck ausgelöst werden. Ich möchte dich ermutigen, einmal alles, wirklich alles loszulassen und dich selbst zu fragen: *Was will ich eigentlich wirklich und was will das Leben in mir? Was ist gesellschaftlich antrainiert oder ein biologischer Instinkt? Und was ist der wahre Ruf meiner Seele?*

SELBSTERFORSCHUNG UND UMSETZUNG

Was sind deine wichtigsten Erkenntnisse aus diesem Kapitel?

_____

_____

_____

_____

Was sind deine wichtigsten Schlussfolgerungen aus diesem Kapitel?

_____

_____

_____

Formuliere deine einzigartige Definition von Mutterschaft.

_____

_____

_____

Wer oder was sind die Kinder, die du bis jetzt empfangen und gehütet hast?

_____

_____

_____

Wer oder was sind die Kinder, die du noch empfangen und hüten möchtest?

_____

_____

_____

Wie wichtig ist dir das Wohl »fremder« Kinder?

_____

_____

_____

_____

Die Mutterrolle

Falls du (noch) keine Mutter bist, mach bitte mit dem nächsten Abschnitt weiter.

Beschreibe dich als Mutter.

_____

_____

_____

_____

Versuche, dich einmal von außen zu betrachten: Wie würden dich andere als Mutter beschreiben?

_____

_____

_____

Wie sehr lebst du deine optimale Version von Mutterschaft?

_____

_____

_____

_____

Wenn alles möglich wäre, was würdest du verändern, damit sich diese Mutterschaft für dich optimal anfühlt?

_____

_____

_____

Wenn wir jetzt zusammensitzen würden, könntest du mir eine kristallklare, positive, detaillierte Vision schildern, wie du dir deine Mutterschaft vorstellst? Stell dir dabei vor, alles wäre möglich und du müsstest noch nicht wissen, wie du dies realisieren könntest.

_____

_____

_____

Hast du dich bereits voll dafür eingesetzt, die Dinge nach deinen Vorstellungen zu verändern?

_____

_____

_____

Wer könnte dir dabei helfen?

_____

_____

_____

Kannst du deinen Wert und deine Leistung als Mutter wirklich sehen und fühlen?

_____

_____

_____

Fühlst du dich von deiner Umgebung ausreichend erkannt und wertgeschätzt?

_____

_____

Von wem wünschst du dir mehr Wertschätzung?

_____

_____

_____

Welche Qualitäten würdest du als Mutter gern mehr entwickeln?

_____

_____

_____

Welche Fehler und Macken würdest du als Mutter gern abstellen oder reduzieren?

_____

_____

_____

Gibt es etwas, das du dir in deiner Rolle als Mutter verzeihen willst?

_____

_____

_____

Gibt es etwas, das deinem Kind gegenüber offen ist und kommuniziert werden sollte, damit du es besser loslassen und freier lieben kannst? Ist jetzt ein guter Zeitpunkt dafür?

_____

_____

_____

Die alternative Mutterrolle

Falls du bereits Mutter bist, überspringe bitte diesen Abschnitt.

Wie geht es dir damit, dass du keine Mutter bist?

_____

_____

_____

Gestattest du dir, alles zu denken und zu fühlen, was in dir ist?

_____

_____

_____

_____

Gibt es etwas, das du dir in Bezug auf dieses Thema endlich verzeihen willst?

_____

_____

_____

Was wäre deine freie Wahl, wenn du dir voll vertrauen würdest?

_____

_____

_____

Bist du bereit, dir und dem Leben voll zu vertrauen und dir deinen einzigartigen Ausdruck von Mutterschaft zeigen zu lassen?

_____

_____

_____

Was könnten deine »Babys« außer einem Menschenkind sein?

_____

_____

_____

Empfehlungen zur Vertiefung

Ritual: Empfange deine wahre Mutterschaft

Dieses Thema geht vielen von uns Frauen* so unter die Haut und so viele verschiedene Stimmen geistern durch unseren Kopf. Nutze dieses Ritual, um deine wahre Mutterschaft zu erkennen und anzunehmen, und zwar völlig unabhängig davon, wie alt du bist, ob du bereits Kinder geboren hast oder überhaupt welche zur Welt bringen möchtest.

Nimm dir mindestens eine halbe Stunde Zeit. Stelle sicher, dass du nicht gestört wirst. Zünde eine Kerze an. Wenn du möchtest, tanze ein, zwei Songs zu einer sehr weiblichen Energie. Du kannst zur Einstimmung auch die Meditation »Die große Mutter« hören (s. Downloadbereich). Mach dich frei. Mach dich locker. Setze dich anschließend bequem hin und schreibe auf ein großes Blatt Papier oder in dein Tagebuch sehr bewusst und langsam die folgenden Sätze:»Ich bin eine freie Seele. Ich bin eine freie Frau*. Ich bin vollständig und wertvoll, genau so, wie ich bin.«

Nimm dir Zeit, dies wirken zu lassen. Dann schließe deine Augen und sprich mit deinen Worten folgendes Gebet:»Große Mutter aller Mütter. Urkraft allen Lebens. Ich bitte dich, meinen Geist von allen Dogmen und fremden Erwartungen zu befreien. Ich bitte dich, mir zu zeigen, auf welche Weise ich meine einzigartige Mutterschaft ausdrücken will oder bereits lebe.« Du richtest dich mit diesem Gebet an keinen Gott, sondern an die Urkraft des Lebens. Du kannst jede Frage und jeden Wunsch anschließen: alles, was dich zum Thema Mutterschaft bewegt. Ich empfehle dir, es schriftlich zu tun. Dann stell dir vor, du machst dich innerlich leer und gehst auf Empfang. Lausche nach innen. Welche Worte, Bilder und Gefühle tauchen auf? Gib ihnen Raum, egal, ob sie sofort Sinn ergeben. Schreibe es alles auf. Lass es aus dir fließen, bis du dich vollständig fühlst.

Schließe mit dem Gebet:»Ich bitte darum, dass mir in den kommenden Tagen in meinen Gedanken, Träumen und Begegnungen weitere Einsichten in Bezug auf meine Mutterschaft geschenkt werden. Ich vertraue meiner Seele, meinem Geist und meinem Körper. Sie werden mich führen.«

Das Ritual kannst du wiederholen, sooft du möchtest.

Downloadbereich:

- Unter go.homodea.com/queen findest du die von mir gesprochene sehr schöne, heilende und klärende Meditation »Die große Mutter«.

Buchtipps:

- Gabriele Uhlmann: *Der Gott im 9. Monat. Vom Ende der mütterlichen Gebärfähigkeit und dem Aufstieg der männlichen Gebärmacht in den Religionen der Welt.* Books on Demand, 2015
- Heide Göttner-Abendroth: *Am Anfang die Mütter – matriarchale Gesellschaft und Politik als Alternative. Ausgewählte Beiträge zur modernen Matriarchatsforschung.* Kohlhammer, 2011

Filmtipps:

- Jon Avnet, Jordan Kerner (Produktion); Jon Avnet (Regie): *Grüne Tomaten.* 1991
- James Lassiter u. a. (Produktion); Gina Prince-Bythewood (Regie): *Die Bienenhüterin.* 2008
- Brian David Cange, S. E. DeRose, Richard T. Lewis (Produktion); S. E. DeRose (Regie) *Charming the Hearts of Men.* 2021
- Charles Roven u. a. (Produktion); Patty Jenkins (Regie): *Wonder Woman.* 2017

Herrschen versus Führen

 These: Führen ist das Zuhause von uns Frauen*. Die weibliche Kraft liegt im Führen in der Gemeinschaft. Führen im positiven Sinne ist eine weibliche Verführung, eine Co-Creation zwischen bewusstem Eros und bewusstem weiblichem Logos. Wir Frauen* gestalten Leben attraktiv, wertebasiert, fair, hütend und für alle im Überfluss. Wir dienen dem Leben.

Liebe Frau*, das Thema dieses Kapitels ist delikat und gleichzeitig unglaublich kraftvoll. Überall ist derzeit die Rede davon, dass Frauen* mehr in Führung gehen sollten. Das klingt gut und richtig. Aber was genau bedeutet das? Ist der Welt und uns selbst gedient, wenn *wir* so führen, wie die Männer* es lange Zeit getan haben? Hat dieser Stil uns an einen guten Punkt gebracht? Falls nein, was wäre die Alternative? Den Mund halten, mitspielen, abwarten, auf ein Wunder hoffen? Ganz sicher nicht. Lass uns zuerst einen Unterschied machen zwischen Herrschen und Führen. Eine Person, die herrscht, will Macht haben und diese im Sinne des eigenen Willens durchsetzen. Egal, was Herrscher*innen behaupten (Worte sind geduldig), letztendlich maßen sie sich an, zu wissen, was gut für alle ist. Sie sehen andere als Objekte auf ihrem großen Schachbrett und wollen sie nach ihrem Willen versetzen. Herrschaft ist das Prinzip, das wir seit nunmehr 10 000 Jahren mit nur wenigen Ausnahmen im Patriarchat erleben. Der Hirnforscher Gerald Hüther nennt es *Objektifizierung*. Menschen lernen sehr früh, sich nicht mehr als Subjekte (»Ich lebe von innen nach außen« zu sehen, sondern als Objekte (»Ich bin ein Zahnrad in einem großen Getriebe«). Wer sich selbst als Objekt begreift, sieht auch andere Personen als Objekte.[38] Die Gedanken, die dahinterstehen, sind: *Entweder wirst du benutzt oder du benutzt. Entweder du wirst bestimmt oder du bestimmst.* Das beginnt extrem früh. In jungen Jahren selbst objektifizierte Eltern geben diese Perspektive an ihre Kinder weiter.

Wenn wir unser Kind als ein Objekt und nicht als ein freies Subjekt sehen, werden wir Liebe als Erziehung begreifen. Wir wollen, dass unser Kind unsere Erwartungen erfüllt. Also erziehen wir es durch Lob, Druck und Manipulation in die gewünschte Richtung. Das ist kein böser Wille. Es passiert unbewusst, denn wir wurden selbst wie Objekte großgezogen. Auch wenn wir es Liebe nennen – es ist eine Form der subtilen Herrschaft. Wer die Macht hat (in dem Fall die Eltern), bestimmt. Das nächste herrschende System ist die herkömmliche Schule. Das Kind darf nicht mehr das denken, was es will, sondern muss das annehmen, was ihm vorgesetzt wird. Es darf sich auch nicht mehr frei bewegen. Andere legen die Regeln fest. Sie bestimmen über den Körper und den Geist des Kindes. Herrschaft. Die Folge: Spätestens wenn wir die Schule abschließen, sehen wir uns selbst und andere auch als Objekte. Wir beginnen, uns selbst zu beherrschen und auszubeuten, indem wir nicht mehr das tun, was wir wirklich wollen, sondern das, was das System verlangt. Wir leben von außen nach innen. Wir lassen uns völlig selbstverständlich von anderen beherrschen oder wir wechseln die Seite und nehmen selbst eine Machtposition ein. Das ist so tief drin in der Matrix unseres Denkens und in der Struktur der Gesellschaft, dass es kaum noch jemandem auffällt. Wir halten es für normal.

Auf eine mehr oder weniger subtile Art passiert dies auch in unseren »Liebesbeziehungen«.[39] Vieles von dem, was wir Liebe nennen, ist nüchtern betrachtet eher ein Benutzen der anderen Person als Objekt für unsere Bedürfnisse. Klingt das hart? Ja. Und genau darum geht es:

Wenn wir etwas Neues
erschaffen wollen,
müssen wir das Alte zuerst
schonungslos aufdecken.

Solange wir voneinander bekommen, was wir wollen – Nähe, Anerkennung, Sex, Hausarbeit etc. –, fällt es nicht weiter auf. Doch wenn der Deal ins Wanken gerät oder sogar platzt, offenbart sich, wie viel von der sogenannten Liebe eben doch eher ein Benutzen oder Beherrschen war. In einer unreifen Gesellschaft, in der Menschen sich und den anderen als Objekte sehen, gibt es immer Beherrschte und Herrschende. Während der letzten 10 000 Jahre erlebten wir eine Herrschaft des Mannes* über die Frau*. Welche Gewalt an uns Frauen* auf dieser Erde, auf allen Ebenen und in allen Zeiten und Gesellschaften verübt wurde und auch immer noch jeden Tag verübt wird, schreit bis weit in den Himmel. Wir wurden benutzt, unterdrückt und ausgebeutet. In vielen Gegenden dieser Erde werden Frauen* immer noch wie Sklavinnen behandelt.[40] Doch auch wenn wir in Europa im Vergleich dazu relativ offen und fortschrittlich leben, existieren auch bei uns noch viele ungerechte Machtstrukturen – in Politik, Wirtschaft, aber auch in vielen Kleinfamilien. Das gewaltige Ausmaß dieser Ungerechtigkeit muss uns bewusst sein, wenn wir über weibliche Führung reden. Denn es ist nur allzu verständlich, dass das Pendel jetzt zurückschlägt und wir fühlen: Jetzt kommen wir! Wenn wir allerdings lediglich die Herrschaft des Mannes* gegen die der Frau* austauschen, haben wir außer einer temporären Genugtuung nichts gewonnen. Wir landen nur in einer spiegelverkehrten Welt. Herrschaft befreit Menschen nicht aus ihrem Objektbewusstsein und führt immer wieder zu Unterdrückung und Ungerechtigkeit.

Was also ist die Alternative? Ich schlage dafür das Wort *Führen* vor, auch wenn es im ersten Moment vielleicht ähnlich klingt und im deutschsprachigen Raum vorbelastet ist. Ich hoffe, ich kann es gemeinsam mit dir mit einer neuen, konstruktiven Bedeutung beleben. Wer *herrscht*, will einem System den eigenen Willen aufzwingen. *Führen* ist im Gegensatz dazu ein Akt des Dienens. Da auch das Wort *dienen* oftmals eher negativ behaftet ist, lass uns auch das kurz differenzieren. Wir Frauen* *dienen* oft nicht, wir *opfern uns auf*. Wir behandeln uns selbst als ein ausbeutbares Objekt im Leben eines anderen Menschen. Dienen ist die freie Geste eines selbstbewussten Menschen, sich sinnvoll zu verschenken, und zwar so, dass es seinem Wohl und dem Wohl des anderen Menschen dient. Wenn dich dein Dienen ausbluten lässt, ist es Aufopfern. Wenn dein Dienen bedeutet, die Macken eines anderen Menschen zu ertragen und so zusätzlich zu fördern, ist es Aufopfern. Dienen unterstützt alle Beteiligten in ihrem Erwachen und Entfalten und kann also auch manchmal ein klares Nein oder ein liebevoller Tritt in den Hintern sein.

o Herrscher*innen stehen – bildhaft gesprochen – an der Spitze der Pyramide. Sie empfangen, was sie wollen, und setzen es von oben nach unten durch.

o Führer*innen stehen mitten im System. Sie fühlen seinen Puls. Gleichzeitig nehmen sie sich immer wieder Zeit, aus dem System rauszugehen und es mit Abstand, aus einer größeren Perspektive, zu betrachten. Führer*innen sorgen gut für sich. Sie lauschen den Bedürfnissen aller, aber auch der tieferen Ordnung. Sie entspannen ihren Eigenwillen und empfangen, was gut ist für alle. Dann setzen sie sich friedvoll dafür ein, die anderen dafür zu begeistern und dies gemeinsam zu manifestieren.

o Herrscher*innen reißen persönliche Macht an sich und missbrauchen sie.

o Führer*innen wissen, dass ihnen und den anderen die Macht lediglich anvertraut wurde. Sie gehört ihnen nicht. Sie dient ihnen.

Um führen zu können, brauche ich die empathische Weitsicht, alle Menschen als wertvolle, kluge und kreative Subjekte zu sehen. Ich brauche Vertrauen in eine tiefere Ordnung und Richtung des Lebens. Ich muss darauf vertrauen, dass diese sich auch in unseren Systemen (unseren Familien, Teams, Companys) offenbaren und manifestieren kann. Ich gehe nicht in Führung, um dem System meinen Willen aufzuzwingen, sondern um die Gegebenheiten zu schaffen, in denen wir gemeinsam das empfangen können, was gut für alle ist.

Klingt das im Vergleich zu dem, was du kennst, naiv oder utopisch? Ich hoffe es! Denn es kann nicht darum gehen, dass wir das Patriarchat durch eine leicht veränderte Kopie ablösen. Wir brauchen eine tiefgreifende (R)Evolution der Weiblichkeit in all unseren Systemen, sonst wird die Menschheit sich selbst abschaffen. Ich halte uns Frauen* aus mehreren Gründen für prädestiniert, diese neue Form des Führens zu gebären:

1. Wir sind über unsere Intuition mit der Ordnung des Lebens verbunden.
2. Wir haben im Laufe der Evolution unsere empathischen Fähigkeiten weit entwickelt. Wir können also die Bedürfnisse aller im System gut wahrnehmen.
3. Wir haben aufgrund unseres biologischen Settings meist (Ausnahmen gibt es immer) gar kein Interesse, allein über andere zu herrschen. Wir wachsen und lernen gern im Verbund.
4. Wir sind, wenn wir etwas lieben, zu einer tiefen Hingabe und extremer Ausdauer fähig.

Wer, wenn nicht wir, sollte also diese Veränderung bringen? Sind wir, bist du dazu bereit, dein Ego zu entspannen und die beste Lösung für das jeweilige System zu empfangen? Und wenn dies geschehen ist: Bist du bereit, dich proaktiv dafür einzusetzen, dass diese Lösung auch manifestiert wird?

Weißt du, was das erste und wichtigste System ist, welches du lernen musst zu führen? Du bist es! Willst du deine Beziehungen, deine Familie, deine Teams, ja ein ganzes Land zum Guten führen, musst du zunächst fähig sein, dich selbst zu kennen und zu führen. Schalte deinen Logos an und lerne, dich genauer zu verstehen. Schau genau hin. Wer führt dich eigentlich? Deine unbestechlichen Werte, deine beste Vision und deine klarste Intuition? Oder führt dich häufig einfach ein Mischmasch an Glaubenssätzen, Emotionen und Bedürfnissen? Analysiere einmal schonungslos ehrlich, wie oft du Sachen machst, die dir gar nicht guttun und die dich schwächen. Wer oder was führt dich in solchen Momenten? Es ist dein limbisches Gehirn.[41] Jeder Mensch, der mehr in Führung gehen will, muss erst einmal verstehen, wie sehr uns unser limbisches System mit Emotionen manipuliert – schneller und intensiver als unsere Vernunft. Wir alle sind seine »Opfer«. Es manipuliert uns nicht aus Böswilligkeit. Es will sicherstellen, dass unsere vitalen Grundbedürfnisse[42] gedeckt sind. Neben Atmung, Schlaf oder Ernährung sind dies unter anderem:

- Sicherheit, Verbundenheit, Harmonie
- Stimulanz, Wachstum
- Dominanz, Autonomie

Diese müssen erfüllt werden. Das Problem beginnt, wenn du deinem limbischen System keine klaren Werte an die Seite stellst. Dann wird das Bedürfnis nach Harmonie eventuell dadurch erfüllt, dass du ständig klein beigibst und nie deine eigene Stimme erhebst. Das Bedürfnis nach Stimulanz sorgt eventuell dafür, dass du von einer Ablenkung zur nächsten tingelst und nichts wirklich konzentriert angehst. Dominanz kann sich durch Herrschsucht und Meckern, aber auch Manipulation ausdrücken.

Um dich führen zu können, musst du verstehen, wie du tickst. Frauen* und Männer* haben zwar die gleichen Grundbedürfnisse, allerdings sind sie verschieden gewichtet. Zum Beispiel haben Frauen* ihren Schwerpunkt durchschnittlich eher bei Verbundenheit,[43] das heißt, Harmonie ist ihnen meist wichtiger. Was ich damit sagen will: Es ist bedeutsam, dass du dich erkennst. Es kann zum Beispiel sein, dass die Art, wie heute meist geführt wird, dich nicht glücklich machen würde, würdest du selbst auf diese Weise führen. In vielen Vorstandsetagen sitzen Männer*, die einen überdurchschnittlich hohen Dominanzanspruch und einen unterdurchschnittlich ausgeprägten Wert an Empathie haben.[44] Tatsächlich haben Hirnuntersuchungen gezeigt, dass sie sich in der Hirnstruktur kaum von Psychopathen unterscheiden. Sie haben einen Tunnelblick, irren Ehrgeiz und unerschütterliches Selbstbewusstsein. Sie müssen auf niemanden Rücksicht nehmen, weil sie die anderen gar nicht fühlen. So konnten sie so weit kommen.[45] Wir könnten sie einfach bedauern, würden diese Typen nicht immer noch in vielen großen Systemen an entscheidenden Positionen herrschen. Wenn du nun versuchst, es genauso zu machen, wirst du wahrscheinlich einen hohen Preis zahlen, weil du dafür gegen deine wahre Natur gehen musst. Vieles wird immer wieder auf Konditionierung geschoben, doch es gibt auch eindeutig nachweisbare biologische Unterschiede, die nahelegen, dass wir Frauen* eine völlig neue Form der Führung entwickeln müssen. Frauen* produzieren wesentlich mehr Östrogen und Oxytocin (beides eher Harmonie- und Bindungshormone) und wesentlich weniger Testosteron (pure Dominanz).[46]

Wir stehen also vor folgender, spannender Herausforderung: Wir können und wollen die Entwicklung der Welt nicht den Männern* überlassen, besonders nicht den dominanten Herrschertypen. Wir wollen aber auch nicht erst zu »Männern*« werden, um mitbestimmen zu wollen. Wir brauchen eine völlig neue Form der Führung, die es uns ermöglicht, mit weitaus weniger Dominanzgerassel, dafür sanfter und verbundener und gleichzeitig mächtiger in Führung zu gehen.

Geht das? Falls ja, wie könnte es aussehen? Lass es uns gemeinsam auf die Erde bringen, Schwester. Wir müssen zuerst unserem Eros einen ebenbürtigen Logos an die Seite stellen, der es uns ermöglicht, konstruktiv und gründlich zu denken und klare Werte aufzustellen. Nach ihnen sollten wir uns zuerst richten. Wir müssen lernen, uns zu führen. Als Nächstes müssen wir verstehen, dass es uns nicht um Herrschen über irgendetwas, sondern um Rettung, Heilung und Erblühen unserer Systeme geht. Etabliere für deine Systeme Werte, die das ermöglichen, und setze dich dafür ein, dass diese auch gelebt werden.

Du willst, dass deine Familie liebevoll ist? Dann musst du in Führung gehen und es deinen Menschen beibringen.

Wähle aktiv, an den dir wichtigen Stellen wirksamer zu sein:

- Du empfängst eine Vision der besten Möglichkeit für das jeweilige System. Schare Verbündete um dich, denen du diese Vision nicht aufzwingen musst, sondern die sie mit dir teilen. Du könntest zum Beispiel gemeinsam mit einigen starken, wachen Schwestern loslegen, eure Familien, eine Kita oder eine Company zu verwandeln.
- Gib deinem Gehirn die Möglichkeit, weiterhin ausreichend Östrogen und Oxytocin auszuschütten und so weiblich in Führung zu gehen.
- Lege universelle, lebensunterstützende Werte fest.
- Halte dich selbst an diese Werte und etabliere sie in deinen Systemen.
- Lerne, gesunde Grenzen zu ziehen und bereit für Konsequenzen zu sein. Du kannst nur führen, wenn du auch bereit bist, unter Druck für deine Werte einzustehen.
- Höre nicht auf, bevor diese Werte nicht installiert sind und das Leben für alle Menschen in deiner Gemeinschaft, deiner Familie oder deinem Team gut läuft.

Unsere großen gesellschaftlichen Systeme haben sich komplett verrannt. Unsere Welt muss mit mehr Weiblichkeit geführt werden. Wir Frauen* dürfen wieder lernen, im positiven Sinn zu *verführen*. Führen ist kein Überstülpen. Es ist ein tiefes Verstehen aller beteiligten Menschen und ein Integrieren ihrer Bedürfnisse zum Wohle aller. Verstehen wiederum ist kein Dulden destruktiver Muster! Verstehen ist die Empathie, sich auf ein anderes Wesen einzustellen, es wahrzunehmen und seine Bedürfnisse zu erkennen. Führen bedeutet an dieser Stelle nicht, zu sagen:»Du musst …!« Es bedeutet vielmehr zu fragen:»Was würde dich motivieren?«

Was wir unseren Partnern gegenüber kennen, ist die hilflose Opferhaltung oder Meckern und Fordern. Entweder sind die Typen an unserer Seite schwach, dann knicken sie ein und schlurfen unfreiwillig mit. Oder sie gehen in eine blockierende Protesthaltung. Das können wir besser! Manipuliere sie nicht durch Druck oder Liebesentzug, sondern biete den Menschen eine im positiven Sinne verführerische Vision an. Sie müssen sich in diesem Bild wiederfinden. Dann werden sie gehen (weil es nicht ihr Turn ist) oder mitziehen.

In der heutigen Zeit sind Frauen* bis aufs Äußerste beansprucht. Wir fühlen und wissen, dass das, was wir leisten müssen, seit Äonen von Zeiten viel zu viel ist und ein weiteres Mehr den dünnen Faden unserer Belastbarkeit zum Reißen bringen könnte. Wenn du vor dem Mann* stehst und meckerst, zerrst und drückst, ist das keine Führung, sondern ein Ins-Opferdasein-Verfallen oder Herrschenwollen.

Wie oft denken wir, wir haben schlicht und ergreifend keine Zeit für mehr weibliche Qualitäten? Kommt dir das vertraut vor? Ich für meinen Teil kenne das sehr gut, zum Beispiel aus meiner Company: Meine Aufgaben sind so umfangreich und die Verantwortung, die ich trage, ist für mich manchmal schier unerträglich groß. So finde ich mich mitunter in Meetings wieder, in denen die Zeit enorm knapp bemessen ist, und ich weiß mir oft nicht anders zu helfen, als das Spiel einfach bestimmen zu wollen. Ich will dann einfach nur durchziehen und weiterkommen und bemerke nicht oder erst viel später, dass ich Menschen, die ich liebe, unbewusst als Objekte benutzt habe. Was ich damit sagen will: Wir sind oft so an unserer Kapazitätsgrenze, dass wir zu harten, genervten Bestimmerinnen werden, anstatt weiblich und intelligent zu führen.

Wir brauchen eine leuchtende Vision und Ausdauer, Schwestern. He, wir haben Milliarden von Kindern unter Schmerzen geboren und in unendlicher Geduld großgezogen. Da werden wir es wohl schaffen, gemeinsam eine neue Form der Führung zu gebären und sie umzusetzen! Erinnere dich an die Elemente der Mutterschaft:

o Empfangen: Die Idee und die Sehnsucht sind da.

o Teilen: Lasst uns zusammenkommen und in Gesprächen Visionen und gute Lösungsansätze teilen, anstatt wieder und wieder öde zu meckern.

○ Hüten: Lasst uns die Vision weiblicher Führung hüten, bis sie Norm geworden ist.

○ Loslassen: Lassen wir die Menschen los, die derzeit nicht bereit für diesen Quantensprung sind, und konzentrieren wir uns auf alle, die den Ruf der Zeit hören.

Lasst uns in den Situationen, in denen wir uns herrschsüchtig verhalten und ungerecht sind, durchatmen, innehalten und uns ins Bewusstsein holen, dass wir intelligent und leuchtend führen wollen. Lasst uns nie wieder kuschen. Wir werden jetzt gebraucht. Geh überall in Führung, Schwester! In deiner Familie, im Sex, in der Erziehung – überall. Lasst uns bei aller Weiblichkeit auch lernen, das Schwert zu führen. Wir müssen lernen, noch viel klarere Grenzen zu setzen. Lasst uns Verführung nicht mehr als alte sneaky Manipulation begreifen, sondern als die Kunst, unsere Mitmenschen mit unserer Intelligenz, aber auch mit Eros für eine neue Möglichkeit zu begeistern. Und bitte lasst uns den so peinlichen Zickenkrieg begraben. Nur Frauen*, die noch nicht souverän führen, müssen andere Frauen* herabsetzen. Unterstützen wir uns gegenseitig. Gemeinsam sind wir unaufhaltbar.

Vielleicht hast du dir in diesem Kapitel eine exakte Anleitung zum weiblichen Führen erhofft. Da will ich dich gern enttäuschen. Erstens kann es die noch gar nicht geben. Zweitens wäre dies schon wieder eine – wenn auch sehr subtile – Form des Herrschens, indem eine Frau* der anderen ein vorgefertigtes Konzept überstülpt. Deine Form zu führen schlummert als Potenzial in dir. Geh in Führung und wecke es. Wahrscheinlich wirst du dabei peinliche Momente erleben. Du wirst Fehler machen. Die Evolution nutzt unsere Fehler, um neue Möglichkeiten zu gebären. Du wirst vielleicht zuerst ausgelacht und nicht ernst genommen. Na und? Glaub mir, am Ende unseres Lebens werden wir nicht die sicheren Stunden auf der Zuschauerbank feiern, sondern die wilden, nackten, verletzbaren Momente in der Arena.

SELBSTERFORSCHUNG UND UMSETZUNG

Was sind deine wichtigsten Erkenntnisse aus diesem Kapitel?

_____

_____

_____

_____

Was sind deine wichtigsten Schlussfolgerungen aus diesem Kapitel?

_____

_____

_____

Die Beziehung zu dir selbst

Bewerte Folgendes auf einer Skala von 1 bis 5. Kreise jeweils ein.
(1 = gar nicht, 5 = ausgezeichnet)
Wie sehr lebst du in Übereinstimmung mit deinen Werten?

    1   **2**   **3**   **4**   **5**

Wie gut sorgst du für dich?

    1   **2**   **3**   **4**   **5**

Wie gut kennst du dich?

    1   **2**   **3**   **4**   **5**

Deine Partnerschaft (wenn gegenwärtig existent)

Bewerte Folgendes auf einer Skala von 1 bis 5. Kreise jeweils ein.

(1 = gar nicht, 5 = ausgezeichnet)

Wie sehr entspricht diese Partnerschaft deiner Vision von einer lebendigen Beziehung?

1   2   3   4   5

Wie sehr lebst du in dieser Partnerschaft in Übereinstimmung mit deinen Werten?

1   2   3   4   5

Wie sehr dient diese Partnerschaft deiner Erfüllung und Entwicklung?

1   2   3   4   5

Wie sehr dient diese Partnerschaft der Erfüllung und Entwicklung deines Partners oder deiner Partnerin?

1   2   3   4   5

Wie sehr dient diese Partnerschaft dem Wohl aller Wesen?

1   2   3   4   5

Gehst du in dieser Beziehung ausreichend für das in Führung, was dir wichtig ist?

1   2   3   4   5

Die Beziehung zu deinen Kindern (wenn existent)

Bewerte Folgendes auf einer Skala von 1 bis 5. Kreise jeweils ein.

(1 = gar nicht, 5 = ausgezeichnet)

Wie sehr entspricht diese Beziehung deiner Vision von einer lebendigen Beziehung?

1   2   3   4   5

Wie sehr lebst du in dieser Beziehung in Übereinstimmung mit deinen Werten?

1   2   3   4   5

Wie sehr dient diese Beziehung deiner Erfüllung und Entwicklung?

1   2   3   4   5

Wie sehr dient diese Beziehung der Erfüllung und Entwicklung deines Kindes?

1   2   3   4   5

Wie sehr dient diese Beziehung dem Wohl aller Wesen?

1   2   3   4   5

Gehst du in dieser Beziehung ausreichend für das in Führung, was dir wichtig ist?

1   2   3   4   5

Deine Arbeit

Bewerte Folgendes auf einer Skala von 1 bis 5. Kreise jeweils ein.
(1 = gar nicht, 5 = ausgezeichnet)
Wie sehr entspricht deine Arbeit deiner Vision von einer sinnerfüllten und erfolgreichen Arbeit?

1   2   3   4   5

Wie sehr lebst du in deiner Arbeit in Übereinstimmung mit deinen Werten?

1   2   3   4   5

Wie sehr dient deine Arbeit deiner Erfüllung und Entwicklung?

1   2   3   4   5

Wie sehr dient deine Arbeit der Erfüllung und Entwicklung deiner Mitarbeiter*innen?

1   2   3   4   5

Wie sehr dient diese Arbeit dem Wohl aller Wesen?

1   2   3   4   5

Gehst du in deiner Arbeit ausreichend für das in Führung, was dir wichtig ist?

1   2   3   4   5

Bewertung der einzelnen Lebensbereiche

In welchen Bereichen deines Lebens hältst du dich zurück, duckst dich, lässt dich benutzen?

_____

_____

_____

In welchen Bereichen deines Lebens erlebst du dich manchmal oder oft als meckernd, hart und herrschsüchtig?

_____

_____

_____

In welchen Bereichen deines Lebens würdest du gern noch viel mehr auf eine smarte Weise in Führung gehen?

_____

_____

_____

Beschreibe für diese Bereiche eine kurze Vision, wie du sie gestalten wirst, indem du ab jetzt mehr in Führung gehst.

_____

_____

_____

Welche Angst hat dich bis jetzt davon abgehalten, voll in Führung zu gehen?

_____

_____

_____

_____

Welche Sehnsucht ist so stark in dir, dass du dafür bereit bist, ab jetzt mehr in Führung zu gehen?

_____

_____

_____

_____

Beschreibe drei konkrete Aktionen, die du innerhalb der kommenden 72 Stunden durchführen wirst, um dir zu beweisen, dass du bereit bist, ab jetzt mehr in Führung zu gehen.

_____

_____

_____

_____

Empfehlungen zur Vertiefung

Ritual: Deine Selbstverpflichtung

Hier, liebe Frau*, kommt etwas ins Spiel, was ich eine heilige Verpflichtung nenne. Eine heilige Verpflichtung ist deine unumstößli-
che Wahl, das Meckern und Ducken zu beenden und die Verantwortung für das Erblühen deiner Systeme zu übernehmen. Königinnen
werden nicht als Königinnen geboren. Sie reifen dahin. Jeden Tag
etwas mehr. Wenn dich diese Idee berührt, frage dich, wie kannst
du dir und dem Leben täglich deine Entschlossenheit beweisen? Ich
sitze zum Beispiel jeden Morgen eine Stunde nur mit mir selbst. Kein
Handy, keine Aufgabe, kein Mensch, um den ich mich kümmere. Für
mich ist das ein gewaltiges Opfer. Ich bin es so sehr gewohnt, für andere da zu sein, dass ich mich in diesen Momenten tatsächlich fühle,
als würde mir etwas weggenommen. Und doch weiß ich, dass genau
das wahrscheinlich mein wertvollster Beitrag ist: Ich werde ruhig
und ich schaue genau und klar auf alle Systeme in meiner Obhut.
Auf mich selbst, meine Liebesbeziehung, die Beziehung zu unserer
Tochter, unsere Company und die Welt: *Welches System fühlt sich aktuell in Ordnung an? Was ist aus der Balance?* Dann frage ich das Leben: *Wie
kann ich am intelligentesten dienen? Wohin soll ich mein Licht, meine Kraft investieren? Wie kann ich auf eine sanfte und wirksame Weise in Führung gehen?
Was werde ich heute konkret dafür tun?*
Probiere es einmal aus: Nimm dir eine Stunde Zeit ganz allein für
dich, ziehe dich zurück, verbanne alle Aufgaben und technischen
Geräte und dann lausche in dich hinein. Diese Prüfung ist nicht
dazu da, damit du dich schlecht fühlst; hier geht es um ein nüch-
ternes Erkennen und ein noch stärkeres Erwecken deiner Kraft. Du
hast immer dein Bestes gegeben. Und ab heute wirst du noch klüger
sein. Du musst nicht heute die ganze Welt verändern und du musst
dich auch nicht sofort deiner größten Mutprobe stellen. Du kannst
heute deine Wünsche klarer äußern. Du kannst eine wichtige Gren-
ze ziehen. Du kannst deine Werte formulieren und in deine Gesprä-

che einbringen. Du kannst dich mit denen, die in derselben Richtung unterwegs sind, in einem gemeinsamen Anliegen verbünden. Geh in Führung. Dehne dein Terrain. Jeden Tag etwas mehr, bis die ganze Welt dein Königreich ist.

Downloadbereich:
- Du findest im Downloadbereich ein Gespräch zwischen Veit und Hans-Georg Häusel über unsere limbischen Konditionierungen.
- Ebenfalls dort findest du den aufschlussreichen Vortrag »Liebe radikal« über Liebesbeziehungen.
- Außerdem erwartet dich dort die wunderbare Meditation »Die Königin in dir«, die dich in Kontakt mit deiner inneren Königin bringt.

Kurstipp:
- Ich empfehle dir den Onlinekurs »Co-Creation. Das nächste Level der Liebe« auf www.homodea.com mit Veit und mir, in dem wir gemeinsam die Prinzipien wirklicher Co-Creation in dir, in Partnerschaften und in Teams erforschen.

Buchtipps:
- Hans-Georg Häusel: *Life Code. Was dich und die Welt antreibt.* Haufe-Lexware, 2020
- Isabel Allende: *Was wir Frauen wollen.* Suhrkamp, 2021
- Sheryl Sandberg: *Lean In. Frauen und der Wille zum Erfolg.* Ullstein Taschenbuch Verlag, 2015
- Nicole Brandes: *WE-Q: Wir-Intelligenz. Warum wir ohne sie untergehen und mit ihr wirklich erfolgreich werden.* Europa Verlag, 2016

Queen is rising

 These: Der Archetyp der Königin ist keine nette Idee, sondern ein mächtiges Programm, tief verankert in unserer kollektiven geistigen DNA. Jede Frau* kann sie in sich aktivieren, und das ist es, was jetzt gebraucht wird, um die Welt zu heilen.

Ich möchte das letzte Kapitel unserer gemeinsamen Reise ausführlich der Königin in dir widmen. Ich denke, uns ist klar, dass wir nicht nach einer Königin mit einem Krönchen auf dem Kopf suchen. Wir sprechen von einem der mächtigsten Archetypen der Menschheit. Deshalb möchte ich noch einmal kurz darauf eingehen, was ein Archetyp ist. Der Begriff geht bis auf Platon zurück und steht in seiner Philosophie für geistige Urformen oder Urbilder.[47] So wie wir sie verwenden, ist die Bedeutung allerdings sehr stark durch die Psychologie von C. G. Jung geprägt. Er sah in einem Archetyp eine Art Grundstruktur, wir könnten auch sagen, ein verdichtetes geistiges Programm im kollektiven Unbewussten.[48] Viele universelle Urerfahrungen der Menschheit, etwa weiblich–männlich, die Zyklen des Lebens, die Held*innenreise, aber eben auch die Bandbreite spiritueller Erfahrungen wie Götter, Himmel und Hölle sowie Wiederauferstehung, können als Archetypen verstanden werden.

Dann gibt es noch jene, die ganz bestimmte Persönlichkeitstypen und -anteile repräsentieren. Der Krieger und die Heilerin stehen also zum einen für Anteile unserer Psyche, auf die jede*r von uns Zugriff hat, aber auch für Menschen, die eben ganz besonders den Geschmack und den Ausdruck eines Kriegers oder einer Heilerin in diese Welt bringen. Die Königin ist einer der mächtigsten weiblichen Archetypen. Die Frau* in der Mitte des Lebens, Eros und Logos in sich bewusst vereint, innerlich im Zentrum angekommen, im Außen auf dem Zenit ihrer Macht.

Alle drei Bücher – *Genesis, King is back* und *Queen is rising* – entspringen der zentralen These, dass der Archetyp der Königin über Tausende Jahre unterdrückt wurde. Es hat natürlich im Laufe der Geschichte auch einige mächtige Königinnen gegeben, doch die meisten von ihnen haben genauso geherrscht wie ihre männlichen Pendants – als Tyrann*innen. Es haben sicher auch sehr viele Frauen* gelebt, die den Archetyp der Königin verkörperten. Doch sie konnten ihn nicht in seiner vollen Wirksamkeit und Leuchtkraft entfalten. Sie wurden in Nischen verbannt, durch Gesetze gefesselt und für ihre Power und Sichtbarkeit bedroht. Mit verheerenden Folgen für diese Frauen* und für die gesamte Menschheit. Denn weil die Qualitäten dieses Archetyp viel zu schwach auf der Erde manifestiert wurden, ist wirklich alles aus der Balance geraten. Der König, dem das starke weibliche Gegenüber fehlte, ist entweder auf dem Thron eingeschlafen, zum Tyrannen mutiert oder hat sich nie über einen kleinen Jungen hinausentwickelt.

Es ist meine feste Überzeugung, aus der heraus ich dieses Buch mit Inbrunst schreibe, dass dies die Zeit ist, in der die Königin wieder zurückkehrt. Und damit meine ich nicht die Inkarnation einer einzelnen, besonderen Frau*, die wir dann alle bewundernd auf einen Sockel stellen. Ich meine, dass sie in Form des Wissens zurückkehrt, das wir Schwestern vor langer Zeit innehatten und praktizierten – in unserem Kreis, durch jede von uns. Im Grunde genommen waren alle Kapitel bis hierher eine Vorbereitung auf dieses, mein abschließendes Gebet.

Möge sich die Königin in dir erheben, Schwester! Queen is rising!

Möge dich dieses Buch nicht nur intellektuell berieseln, sondern mit einer gewaltigen Urkraft in dir in Resonanz treten, die seit Äonen in dir schlummert. Das weiß ich! Mögest du dich mit all deinen Wunden erheben. Manche von ihnen werden wie von selbst heilen, wenn du den Thron wieder einnimmst. Andere werden Zeit brauchen und einen strukturellen Wandel. Denn die Königin blutet eben nie allein für sich selbst. Sie blutet für ihr Volk.

Die Zeit, in der wir uns in netten Selbstverwirklichungsseminaren im Kreise einiger Gleichgesinnter mit Räucherstäbchen und Seidenschleier in andere Sphären beamen, ist vorbei. Die Königin, von der ich spreche, weiß, dass jedes Kind dieser Erde ihr Kind ist. Diesen Archetyp anzurufen und zu bitten, in unser Leben zu kommen, ist kein Spiel. Denn die Königin wird kommen. Sie wird uns unsere albernen Spielzeuge aus der Hand nehmen. Sie wird uns im Spiegel liebevoll und zugleich schonungslos nüchtern zeigen, wo und wie wir uns verbogen, kleingemacht und versteckt haben. Sie wird uns tief und ruhig in die Augen schauen, dann unser Herz in ihre ruhigen Hände nehmen und es aufbrechen, sodass wir es nie wieder verschließen können. Sodass unser Licht durch seine Risse nach außen strahlen muss, egal, wie sehr wir uns vor Sichtbarkeit fürchten. Und damit wir uns nie wieder vor dem Hilferuf unseres Volkes verschließen können. Sie wird unseren Körper einnehmen und verbieten, dass er je wieder durch eine grobe, unbewusste Hand begrabscht wird. Sie wird uns innerlich und äußerlich abschminken und uns dann zeigen, wie schön wir in Wahrheit sind. Sie wird über unsere Fußsohlen die Erde streicheln, den heiligen Boden jenes großen Königreiches, welches der Menschheit anvertraut wurde.

Die Königin wird dich gütig und gleichzeitig kristallklar spüren lassen, wenn dein Lächeln unecht ist, wenn sich deine Stimme verändert, um einem Mann* zu suggerieren, du wärst harmlos und zuckersüß. Denn das wirst du nicht mehr sein.

Die Königin wird dich auf die Schlachtfelder aller von dir bisher vermiedenen Konflikte führen und sie wird dich lehren, nackt und aufrecht zuerst den Kelch der Heilung und Stärkung anzubieten, aber wenn es vonnöten ist, auch das Schwert für die Wahrheit zu ziehen.

Liebe Schwester, dies ist kein Märchen, keine Utopie. Es ist deine und meine Möglichkeit. Es ist die Königin, die uns hier zusammengeführt hat. Sie braucht uns als Kanal, um wirken zu können.

Bitte rufe die Königin in dein Leben,
egal, wie sehr du bis jetzt an dir gezweifelt hast,
egal, wie oft du dich selbst verraten hast.
Richte dich auf, meine Schwester.
Stell dich in die Sonne, in den Regen, den Sturm.
Breite deine Arme aus und rufe die Königin an.

Es ist nicht wichtig, wie alt du bist. Ich habe fünfjährige Königinnen gesehen und darum gebetet, dass sie in einer Umgebung aufwachsen, die ihr Licht erträgt und sie nie ins Exil zwingt. Ich durfte Zeugin sein, wie sich 80-jährige Frauen* nackt in den Kreis ihrer Schwestern stellten, wie sie begannen, sich auf eine berührende Weise im Tanz zu erinnern, und wie dann die Königin wieder in sie einfuhr. Vielleicht sind dir diese Worte zu poetisch. Bitte lausche der Essenz. Ich bin sicher, dass du weißt, was gemeint ist.

Eine Frau*, die die Königin in sich wachgerufen hat, ist extrem würdevoll. Sie weiß um ihren Wert und sie ist mit der Essenz verbunden. Eine solche Frau* ist im Außen natürlich noch immer angreifbar, aber auf einer tieferen Ebene unantastbar. Wir assoziieren mit Königen ja oft das Herrschen. Sie sitzen hoch oben im Schloss auf einem Thron und regieren von oben nach unten. Doch eine wirkliche Königin führt interessanterweise von unten. Ihr Eros ist durch Logos voll wach geküsst und so weiß sie, wenn sie sich umschaut, dass alles sie selbst ist. Deshalb dient sie selbstverständlich dem ganzen System und empfindet das nicht als Verlust. Denn wo immer sie ihre Liebe hinströmen lässt, ist sie ja selbst. Sie *ist* das Kind, das sie liebkost. Sie *ist* der Baum, den sie berührt. Ja, und sie *ist* der Mann*, an den sie glaubt und dem sie aber auch Grenzen setzt.

Verwechsle ihr Dienen nicht mit der falschen Aufopferung, die wir Frauen* über Jahrtausende praktiziert haben. Wir haben Tyrannen an unseren Brüsten großgezogen. Wir haben kleinen 40-jährigen Jungs immer noch den Hintern geputzt. Wir haben manchmal ein Leben lang wie Dornröschen auf den erlösenden Kuss gewartet. Wie töricht und wie verheerend. Denn alles, was in dieser Welt schiefgelaufen ist, hat unsere falsche Hingabe auch mit gefördert. Dienen braucht Eros und Logos auf einer hoch entwickelten Bewusstseinsebene. Ich brauche fein und tief herausgearbeitete Werte, die auf mich aufpassen und mich vor der emotionalen Betrunkenheit meines limbischen Gehirns schützen. Ich brauche die Bereitschaft, bedingungslos zu lieben *und* unbequeme Entscheidungen zu treffen. Manchmal dienst du einem Menschen wesentlich mehr, wenn du ihm ein unerschütterliches *Nein* entgegenstellst, ihn aus den heiligen Gemächern deines Palastes wirfst und ihm sagst: »Komm gern wieder, wenn du deine Hausaufgaben gemacht hast.«

Eine Königin lädt – wie in dem gleichnamigen Kapitel besprochen – offen und großzügig ein. Doch sie ist auch bereit, für eine Zeit allein durch ihre Gemächer zu wandeln, wenn der wahre König sich noch nicht offenbart hat. Sie ist nie allein, denn sie hat durch Meditation und Kontemplation den gesamten Kosmos in sich gefunden. Sie hat sich zurückerinnert und jene zeitlosen Geheimnisse wachgerufen, die es ihr ermöglichen, Kraft in der Stille, der Natur, dem Gebet und dem Tanz zu finden.

Wie kann diese Anrufung der Königin ganz praktisch aussehen, Schwester? Zunächst ist es meiner Erfahrung nach wichtig, zu realisieren, dass dies kein Spiel, sondern ein heiliger Kampf ist. Es geht zum einen darum, dass wir uns an die geistige Arbeit machen. Zum anderen geht es darum, dass wir uns kontinuierlich und immer radikaler aus dem Gefängnis der alten Konditionierungen befreien.

Doch auch der Alltag ist für viele von uns ein Gefängnis.

An den meisten Frauen* zerren von morgens bis abends so viele Menschen, Aufgaben und Pflichten, dass sie froh sind, wenn der Tag vorbei ist und sie einfach nur müde, aber endlich mal allein ins Bett fallen können. Wenn du in so einem Moment den Text von der Königin liest oder hörst, denkst du wahrscheinlich nur: »Was ist das für eine

Fantasterei! Lass mich damit in Ruhe!« Der Alltag schraubt unseren Geist oft auf ein relativ niedriges horizontales Abwicklungsniveau herab. Und plötzlich, du weißt selbst, wie schnell es geht, ist wieder ein Tag vorbei. Eine Woche. Ein Monat. Ein ganzes Leben. Wir holen uns Trost bei Yoga oder einem Frauenabend. Doch so bekommen wir nicht die Königin tief in unserem Leben verwurzelt.

Ich schreibe dies nicht aus einem Elfenbeinturm, sondern aus der eigenen Erfahrung heraus. Mein Kind ist zwar aus dem Haus, doch ich führe eine Company mit 15 Mitarbeiter*innen und noch mal so vielen Freelancer*innen. Ich betreue eine Plattform, auf der mehr als 20 000 Menschen unterwegs sind. Jede*r will irgendetwas von mir. Mir in diesem Alltag die Zeit und den Raum zu nehmen, um die Königin zu empfangen und ihr zum Beispiel durch dieses Buch einen Kanal zu bieten – du kannst dir nicht vorstellen, was das für ein Ringen für mich war und was für ein Sieg es jetzt ist.

Wir werden und wir müssen der Königin wieder mehr Terrain erobern.

Jeder Tag bietet die Chance, ihr wieder etwas mehr von unserem Geist, unserem Herzen und unserer Welt zur Verfügung zu stellen. Folgendes unterstützt mich dabei und ich lade dich ein, dich davon inspirieren zu lassen und dann deine eigenen Anrufungsrituale zu entwickeln. Der Morgen ist mir heilig. Denn der Verstand ist noch nicht im Abarbeitungsmodus. Meist stelle ich mir noch im Bett die Frage: »Leben, was ist heute dein Auftrag an mich?« Der Antwort vertraue ich und ich nehme sie wie ein Mantra mit in den Tag. Dann nehme ich mir Zeit, um zu meditieren, oder ich tanze zu meiner Königinnen-Playlist und rufe sie direkt an. Danach liebe ich es, meine Eingebungen und Empfindungen in einen kleinen Text zu packen, den ich auch sehr gern mit meinen Schwestern (beispielsweise in der Queen-Austauschgruppe) teile. Anschließend trinke ich sehr gern gemeinsam mit meinem Liebsten einen Kaffee. Ich liebe diese Gespräche! Überhaupt, Gespräche ... Es ist meiner Erfahrung nach elementar, dass du die Qualität deiner Konversationen anhebst. Sei es dir wert, alle Gesprächspartner*innen, die auch auf deine Einladung hin auf sinnlosen, destruktiven, opferlastigen Themen beharren, liebevoll und konsequent aus deinem Leben zu verabschieden. Außerdem helfen mir regelmäßige längere Auszeiten, etwa der Sonntag oder ein ganzes Wochenende, in denen ich gern an für mich besondere Plätze, in Wälder oder Klöster fahre und mich dort besinne. Dieses Buch zu schreiben, ist für mich ein Mix aus Geburt und Revolution. Es hat mich so herausgefordert und mir gleichzeitig so gutgetan, das, was ich schon so lange in mir trage, in die Außenwelt zu bringen.

Finde für dich deinen Kanal! Es ist ein Riesenunterschied, ob wir über etwas nachdenken oder uns damit sichtbar outen.

Natürlich ist es enorm hilfreich, dass mir unsere Unternehmen, Life Trust und homodea, den Freiraum und die Verantwortung bieten, an der Veränderung der Welt mitzuarbeiten. Es muss kein Riesenprojekt sein, aber finde einen Spot, an dem du es deiner inneren Königin möglich machst, weltlich positiv zu wirken.

Wenn der Tag vorbei ist, brauche ich noch einmal ein Übergangsritual, um die Welt loszulassen und voll bei mir anzukommen. Das kann ein heißes Bad sein. Dabei habe ich Zeit, über den Tag nachzudenken, zu korrigieren und dankbar zu sein. Das Wasser löst alle Bande zu Menschen, die ich heute eingegangen bin. Mein Schlafzimmer ist mein Tempel. Hier hängen und stehen Bilder und Gegenstände, die mir Kraft geben und die mich an urweibliche Qualitäten erinnern. Ich schreibe bewusst *mein* Schlafzimmer, denn Veit und ich haben erkannt, wie wichtig es ist, dass wir nicht jede Nacht routinemäßig nebeneinander ins Bett gehen, sondern uns sehr bewusst in unsere Reiche einladen.

Was ist es bei dir, liebe Schwester? Wie kannst du der Königin so viel Respekt und Raum entgegenbringen, dass sie sich immer stärker in dir manifestiert? Das Wundervolle ist: Wenn du den Kanal zu ihr öffnest, wird sie dir entgegenkommen und irgendwann immer klarer die Führung übernehmen. Sie wird dich an die Orte, in den Beruf, zu den Menschen führen, wo du am besten erblühen und dienen kannst. Und vergiss nie, du bist nicht allein. Es passiert jetzt gerade in so vielen Frauen*. Die Königin ist nicht mehr aufzuhalten. Alles auf dieser Erde schreit nach dieser weiblichen Kraft. Königinnen werden überall gebraucht, in jeder Familie, in den Gesellschaften, der Wirtschaft, in jedem Team, einfach an jeder Stelle unseres Lebens. Wir sind es uns selbst und dem Leben schuldig. Lass uns auf den Straßen und im Supermarkt über unsere Augen den Kontakt von Königin zu Königin finden.

Wenn du siehst,
wie eine Schwester darum ringt, sich wieder aufzurichten,
darum kämpft, ihren Raum einzunehmen,
dann reiche ihr die Hand.

Lasst unser stilles Wissen um die Königin der Rückenwind sein, den wir uns gegenseitig verleihen, wenn eine von uns Terrain erobert – in ihrer Familie, in der Politik, im Unternehmen. Wir können nur gemeinsam vollständig heilen. Wir werden einander sehen und uns im Entfalten unterstützen. Wir werden all unsere Kinder als die Prophet*innen der Zukunft erkennen und mit unserem Löwenherzen hüten.

Möge sich die Königin erheben.
In dir. In mir. In uns.
Starke Ichs gebären ein starkes Wir.
Königin, wir sind bereit.

Nachdem wir über Tausende von Jahren den Vater angerufen haben, ist es Zeit …

Königin, unsere.
Geheiligt sei deine Liebe, die Lust und das Leben.

Königin komme.
Damit dein Reich der Freude geschehe.
Überall zwischen Himmel und Erde.

Königin, bitte segne uns Menschen.
Erinnere uns an unsere Unschuld,
damit wir Irrtümer vergeben.

Heile unsere Wunden und erlöse uns von unserer Angst.
Sodass wir uns selbst erkennen
und uns zu unserer wahren Größe erheben.

Königin, du bist das stille Feuer unserer Seelen.
Lehre uns Vertrauen. Ermächtige uns. Führe uns.

Unsere Körper kommen aus dem Schoß einer Königin.
Und in den Schoß der großen Königin gehen sie wieder zurück.
Lehre uns, solange wir leben, Staunen, Feiern und Loslassen.

Dein Puls ist unser Atem. Dein Lebensstrom ist unser Blut.
Du lässt unser Herz wild schlagen, unseren Geist kühn denken,
und wenn wir still sind, hören wir dein Lied –
den Urton des Kosmos.

Wir sind du und unser aller ist deine Würde,
deine Liebe und dein Schwert.

Deine Liebe ist unser Reich.
Deine Liebe ist der Anfang und das Ende
bis in alle Ewigkeit.

SELBSTERFORSCHUNG UND UMSETZUNG

Was sind deine wichtigsten Erkenntnisse aus diesem Kapitel?

_____

_____

_____

Was sind deine wichtigsten Schlussfolgerungen aus diesem Kapitel?

_____

_____

_____

Auf der Suche nach der Königin

Wo versteckst du dich noch hinter dem kleinen Mädchen?

_____

_____

_____

Wo verhältst du dich wie eine herrschsüchtige Tyrannin?

_____

_____

Wo vermeidest du es (noch), voll in deine Power und Verantwortung zu gehen?

_____

_____

_____

_____

Das Erwachen der Königin

Beschreibe mit deinen Worten, was du unter einer Königin verstehst.

_____

_____

_____

In welchen Bereichen deines Lebens könntest du tiefer lieben und mehr hüten?

_____

_____

_____

_____

Wer sind deine weiblichen Vorbilder? Wer von ihnen repräsentiert für dich die Königin?

_____

_____

_____

_____

Wie müsstest du dich verändern und was müsstest du opfern, um zur Königin zu reifen?

_____

_____

_____

Was würdest du gewinnen?

_____

_____

_____

_____

Empfehlungen zur Vertiefung

Ritual: Evokation der Königin

Evokation[49] stand in der Antike für das Anrufen einer Gottheit. In unserem modernen Kontext meint es das Anrufen des Archetyps der Königin. Nimm dir mindestens eine Stunde Zeit, in der du nicht gestört wirst. Lege dir Schreibzeug bereit. Höre dann die Meditation »Die Königin in dir« (s. Downloadbereich). Gehe direkt aus der Meditation ins Schreiben über. Notiere spontan und wahrhaftig, was dich zur Königin bewegt. Was denkst du? Was fühlst du? Was wünschst du dir? Bitte die Kraft und die Weisheit der Königin, in dein Leben zu kommen, dich zu lehren und zu führen. Bitte bei allen starken, kühnen, weisen und liebevollen Frauen*, die je gelebt haben und noch leben, um Zuflucht. Bitte sie, deinen Rücken zu stärken und dir den Weg zu weisen. Wenn es sich für dich stimmig anfühlt, geh ein Gelübde ein, indem du alles, was du hast und bist, dem Wohlergehen deiner Liebsten, doch auch der gesamten Menschheit weihst.

Lies dir dein Gelübde noch einmal laut vor, so als wenn du nicht allein im Raum wärst. Stell dir vor, alle Frauen*, die du bewunderst, und alle Menschen, die du liebst, sind deine Zeug*innen. Stell dir vor, der gesamte Kosmos hört dein Gebet.

Lass die Erfahrung sanft ausklingen. Rufe, wann immer du es brauchst, die Kraft der Königin an.

Downloadbereich:

- Unter go.homodea.com/queen findest du die sehr schöne und kraftvolle Meditation »Die Königin in dir«.

Buchtipps:

- Esther Rosanna Guggisberg: *Die 9 Archetypen der Frau. Ein inspirierendes Werk zur Stärkung deiner Ressourcen*. TWENTYSIX, 2017
- Anselm Grün und Linda Jarosch: *Königin und wilde Frau. Lebe, was du bist!* dtv Verlagsgesellschaft, 2010

- Clarissa Pinkola Estés: *Die Wolfsfrau. Die Kraft der weiblichen Urinstinkte.* Heyne, 1999
- Joseph Campbell: *Der Heros in tausend Gestalten.* Insel Verlag, 2011

EPILOG

Liebe Schwester, wir sind am Ende dieses Buches angelangt und gleichzeitig am Beginn unserer Reise. Denn ich hoffe, zwei Dinge sind dir genauso klar wie mir:

1. Du und ich leben noch lange nicht unser volles Potenzial an Schönheit und Weisheit.
2. Wir können nur erahnen, wie sich unsere Welt machtvoll zum Positiven entwickeln kann, wenn wir Frauen* uns zu unserer wahren Größe erheben.

Ich danke dir sehr für deine Offenheit und dein Vertrauen. Ich kann mir vorstellen, dass dich das Lesen des Buches manchmal genauso an deinen Wunden berührt hat, wie es das Schreiben bei mir getan hat. Ich danke dir für deine Bereitschaft, trotz eventuellem Widerstand, trotz Zweifeln weiterzugehen. Unser Leben beginnt immer hier und jetzt. Das ist die Nulllinie. Der Start. Die Morgenröte.

Ich möchte noch einmal betonen, dass ich mir nicht anmaße, die Wahrheit zu kennen. Ich habe über dieses Buch meine Wahrheit mit dir geteilt. In der Hoffnung, dein Herz zu berühren und deinen Geist zu dehnen. Bitte bring du dich mit deiner Wahrheit und mit ganzer Leidenschaft in den kollektiven Geburtsprozess ein. Du bist wichtig. Wir gemeinsam sind noch wichtiger. Wir müssen nicht immer einer Meinung sein, doch wir können uns in einem Anliegen verbinden – die Königin in unsere Welt einzuladen und diese so in einen schöneren und freieren Ort für alle Menschen zu verwandeln.

Wenn du magst, fühl dich zart von mir umarmt, Schwester. Und dann stell dir vor, dass ich ab jetzt an deiner Seite stehe. Gemeinsam mit Millionen anderer Mädchen und Frauen*.

Queen is rising.

QUELLEN UND ERLÄUTERUNGEN

1. Die Begriffe Eros und Logos entstammen der griechischen Philosophie. Für ein antikes Verständnis empfehle ich folgende Lektüre: Platon: *Phaidros*. Reclam, Philipp, 1986. Das neuzeitliche Verständnis wird in folgendem Werk behandelt: Kenneth E. Wilber: *Eros, Kosmos, Logos – Eine Vision an der Schwelle zum nächsten Jahrtausend*. Fischer Taschenbuch, 2001.

2. Veit Lindau: *Genesis. Die Befreiung der Geschlechter*. GRÄFE UND UNZER Edition, 2021

3. Veit Lindau: *King is back. Aufbruch in eine neue Männlichkeit*. GRÄFE UND UNZER Edition, 2021

4. Jacob D. Bekenstein:»Das holografische Universum«; spektrum.de; 1.11.2003; https://www.spektrum.de/magazin/das-holografische-universum/830304; zuletzt aufgerufen am 24.8.2021

5. Veit Lindau: *Seelengevögelt. Manifest für das Leben*. Goldmann, 2018

6. Julia Wäschenbach und Michael Donhauser:»Friedensnobelpreis an 17-Jährige. Malala ist nicht nur ein Vorbild«; ntv.de vom 10.10.2014; https://www.n-tv.de/politik/Malala-ist-nicht-nur-ein-Vorbild-article13763131.html; zuletzt aufgerufen am 1.9.2021

7. »Krank durch Schönheitswahn«; Stuttgarter Nachrichten vom 1.2.2020; https://www.stuttgarter-nachrichten.de/inhalt.krank-durch-schoenheitswahn.54e9668c-14b5-4ce0-862b-6d725d16dac7.html; zu letzt aufgerufen am 1.9.2021

8. Duden; https://www.duden.de/rechtschreibung/Inkarnation; zuletzt aufgerufen am 6.9.2021

9. Laotse: *Tao te king: Das Buch vom Sinn und Leben*. Nikol, 2010

10. Max Weier: *Tao – Wege zum Urgrund. Taoismus und Mystik*. Books on Demand, 2021

11. Der Begriff der Unio Mystica entstammt der christlichen Mystik und beschreibt ursprünglich die Einswerdung oder auch »Vermählung« zwischen Gott und Mensch. Siehe hierzu auch: Bernd Harbeck-Pingel:»Unio mystica«; Theologische Realenzyklopädie Online: Trappisten/Trappistinnen – Vernunft II. Berlin, New York: De Gruyter. https://www.degruyter.com/database/TRE/entry/tre.34_303_21/html; zuletzt aufgerufen am 4.9.2021

12. statista:»Entwicklung der Weltbevölkerungszahl von Christi Geburt bis zum Jahr 2020 (in Milliarden)«; https://de.statista.com/statistik/daten/studie/1694/umfrage/entwicklung-der-weltbevoelkerungszahl/; zuletzt aufgerufen am 19.8.2021

13. Jörg Ratzsch:»Abschaffung von Paragraf 175 – Vor 25 Jahren wurde Homosexualität legal«; zdf.de vom 11.6.2019; https://www.zdf.de/nachrichten/heute/vor-25-jahren-abschaffung-paragraf-175-homosexualitaet-straffrei-100.html; zuletzt aufgerufen am 27.8.2021

14. »Segen für homosexuelle Paare – Warum tut sich die katholische Kirche so schwer damit?«; Bayern 2 vom 10.5.2021; https://www.br.de/radio/bayern2/segen-fuer-homosexuelle-paare-warum-tut-sich-die-katholische-kirche-so-schwer-damit-100.html; zuletzt aufgerufen am 27.8.2021

15. Fred Deveaux:»Counting the LGBT population: 6% of Europeans identify as LGBT«; Dalia Research GmbH; 18.10.2016; https://daliaresearch.com/blog/counting-the-lgbt-population-6-of-europeans-identify-as-lgbt/; zuletzt auf-

gerufen am 19.8.2021

16. David Deida: *Der Weg des wahren Mannes. Ein Leitfaden für Meisterschaft in Beziehungen, Beruf und Sexualität.* steinbach sprechende bücher, 2018

17. Philip Wurm: »Wie viele Nervenzellen hat das Gehirn?«; Helmholtz-Gemeinschaft vom 16.4.2015; https://www.helmholtz.de/gesundheit/wie-viele-nervenzellen-hat-das-gehirn/; zuletzt aufgerufen am 2.9.2021

18. Shakti ist die meist als Göttin dargestellte weibliche Urkraft im Hinduismus. Siehe: Duden; https://www.duden.de/rechtschreibung/Schakti; zuletzt aufgerufen am 6.9.2021

19. Dirk Lorenzen: »Der Urknall – Das Rätsel vom Anfang der Welt«; Deutschlandfunk Kultur vom 27.12.2018; https://www.deutschlandfunkkultur.de/der-urknall-das-raetsel-vom-anfang-der-welt.976.de.html?dram:article_id=436914; zuletzt aufgerufen am 3.9.2021

20. Duden; https://www.duden.de/rechtschreibung/heil; zuletzt aufgerufen am 4.9.2021

21. Die Begriffe Animus und Anima wurden von C. G. Jung geprägt. Siehe zum Beispiel: C. G. Jung: *Archetypen – Urbilder und Wirkkräfte des Kollektiven Unbewussten.* Patmos Verlag, 2020. Siehe hierzu auch: Veit Lindau und Andrea Lindau: *Königin und Samurai. Wenn Frau und Mann erwachen.* Kailash, 2018

22. Mehr zu Eros und Logos, den alchemistischen Polen unseres Bewusstseins, findest du in: Veit Lindau: *Genesis. Die Befreiung der Geschlechter.* GRÄFE UND UNZER Edition, 2021.

23. Johann Wolfgang von Goethe: Faust. Der Tragödie erster und zweiter Teil. Urfaust. C. H. Beck, 2021

24. »Samen der Eiche«; Gartenjournal; https://www.gartenjournal.net/eiche-samen; zuletzt aufgerufen am 25.8.2021

25. Maria Haas: *Matriarchinnen.* Kerber Verlag, 2020

26. »Maria Montessori«; https://montessori.de/about-company; zuletzt aufgerufen am 25.8.2021

27. Bill & Melinda Gates Foundation; https://www.gatesfoundation.org/ideas/campaigns/gender-equality; zuletzt aufgerufen am 30.8.2021

28. Gabriele Uhlmann: *Der Gott im 9. Monat. Vom Ende der mütterlichen Gebärfähigkeit und dem Aufstieg der männlichen Gebärmacht in den Religionen der Welt.* Books on Demand, 2015

29. Heide Göttner-Abendroth: *Am Anfang die Mütter – matriarchale Gesellschaft und Politik als Alternative.* Ausgewählte Beiträge zur modernen Matriarchatsforschung. Kohlhammer, 2011

30. Der Beginn des Patriarchats wird häufig mit dem Beginn der Sesshaftigkeit des Menschen assoziiert. Vgl. Markus C. Schulte von Drach: »Aufstieg und Niedergang des Patriarchats«; Süddeutsche Zeitung, 3.7.2016; https://www.sueddeutsche.de/politik/emanzipation-aufstieg-und-niedergang-des-patriarchats-1.2971721; zuletzt aufgerufen am 26.8.2021

31. Den Umbruch, der für die Frauen* mit dem Beginn des Patriarchats einherging, ist nachzulesen in: Gabriele Uhlmann: *Der Gott im 9. Monat. Vom Ende der mütterlichen Gebärfähigkeit und dem Aufstieg der männlichen Gebärmacht in den Religionen der Welt.* Books on Demand, 2015. Siehe ebenso: Heide Göttner-Abendroth: *Am Anfang die Mütter – matriarchale Gesellschaft und Politik als Alternative.* Ausgewählte Beiträge zur modernen Matriarchatsforschung. Kohlhammer, 2011

32. Beispiele für solche Textstellen finden sich etwa im 1. Korintherbrief 14:34 f.,
     Epheser 5:22 f., 1. Petrusbrief 3:1.
33. vgl. 1. Buch Mose 2:22; https://bibeltext.com/genesis/2-22.htm; zuletzt aufgeru-
     fen am 12.8.2021
34. Maria von Welser: *Wo Frauen nichts wert sind. Vom weltweiten Terror gegen Mädchen
     und Frauen.* Heyne, 2016
35. Lucia Siu:»Hongkong: Zugang zu Abtreibungen hängt vom Status ab«; Heinrich
     Böll Stiftung; https://www.boell.de/de/2021/03/16/gesetzeslage-zu-reproduk-
     tiven-rechten-hongkong; zuletzt aufgerufen am 30.8.2021; Bundesinstitut für
     Bevölkerungsforschung:»Fakten und Trends. Globale Bevölkerungsentwick-
     lung«, 2021
36. United Nations, Department of Economic and Social Affairs, Population Dy-
     namics:»World Population Prospects 2019«; https://population.un.org/wpp/
     DataQuery/; zuletzt aufgerufen am 30.8.2021
37. Gedicht von Khalil Gibran, einem libanesisch-US-amerikanischen Dichter
38. Gerald Hüther: *Was wir sind und was wir sein könnten. Ein neurobiologischer Mut-
     macher.* FISCHER Taschenbuch, 2013
39. Im Downloadbereich gibt es hierzu den aufschlussreichen Vortrag»Liebe radi-
     kal«.
40. International Labour Organization:»40 million in modern slavery and 152
     million in child labour around the world«; 19.9.2017; http://www.ilo.org/global/
     about-the-ilo/newsroom/news/WCMS_574717/lang--en/index.htm; zuletzt
     aufgerufen am 31.8.2021
41. Hans-Georg Häusel: *Life Code. Was dich und die Welt antreibt.* Haufe-Lexware, 2020
42. siehe hierzu auch die Maslow'sche Bedürfnispyramide
43. Hans-Georg Häusel: *Life Code. Was dich und die Welt antreibt.* Haufe-Lexware, 2020
44. ebd.
45. ebd.
46. Gerald Hüther: *Männer – Das schwache Geschlecht und sein Gehirn.* Vandenhoeck &
     Ruprecht, 2016
47. Platon: *Phaidros.* Reclam, Philipp, 1986.
48. C. G. Jung: *Archetypen – Urbilder und Wirkkräfte des Kollektiven Unbewussten.* Patmos
     Verlag, 2020.
49. von lateinisch»evocare«; PONS Wörterbuch; https://de.pons.com/%C3%BCber-
     setzung/latein-deutsch/evocare; zuletzt aufgerufen am 20.8.2021

ANHANG

Lass uns ein Stück Weg gemeinsam gehen

© Kathrin Stahl

Wenn dich der Ansatz dieses Buches berührt, dann lade ich dich ein, ein kostbares Stück Weg gemeinsam mit mir und Veit zu gehen. Wir lieben Tiefe und konkrete Praxis. Deshalb haben wir für die gelebte Umsetzung rund um das Buch drei Onlinekurse auf unserer Plattform www.homodea.com konzipiert.

Queen is rising
Dieser Kurs ist meine Einladung an alle Frauen*, sich zu verbinden und die Qualitäten der Königin in allen Bereichen des Lebens praktisch und konsequent erblühen zu lassen.

King is back
Dieser Kurs ist eine Einladung und Herausforderung von Veit an alle Männer*, inmitten ihres Alltags aufzuwachen, ihren Ehrenkodex zu finden und ihn zum Leben zu erwecken.

Co-Creation – Next Level Love

Wenn du bereit bist, deine privaten und beruflichen Beziehungen auf ein neues Level an Lebendigkeit, Wahrhaftigkeit und Wirksamkeit zu heben, dann komm in den Kurs und mach dich gemeinsam mit Veit und mir auf den Weg. Erfahre, was es für das Beziehungslevel der Co-Creation braucht, finde Gleichgesinnte und mach es wahr!

Du findest alle Kurse auf www.homodea.com.

Wir freuen uns auf dich!

Über die Autorin

Andrea Lindau, geboren 1967, ist Mutter, Hebamme, CEO der Life Trust GmbH & Co. KG, Gründerin von homodea und Vorstandsvorsitzende der »ichliebedich«-Stiftung. Andrea lebt eine erstaunliche Synthese aus erfolgreicher Geschäftsfrau und moderner Mystikerin, aus Lieben und Tatkraft, aus Zartheit und Wildheit. Sie ist für viele Frauen* ein starkes Vorbild weiblicher Führungsqualitäten.

Bleib mit Andrea in Kontakt: www.andrealindau.com
Facebook: @lindau.andrea
Instagram: @andrea.lindau

homodea.com

Die Plattform www.homodea.com ist das Lebenswerk von Andrea und Veit Lindau. Als Life-Coaching-Plattform ist sie ein digitaler Heimathafen und ein Netzwerk für einen kulturellen und strukturellen Wandel der Gesellschaft.

Auf homodea.com erwarten dich mit aktuell etwa 80 000 Mitgliedern über 100 Onlinekurse für deine Potenzialentfaltung, über 100 geführte Meditationen, Hunderte vielseitige Videos und tägliche Inspirationen.

Downloadbereich zum Buch

Unter go.homodea.com/queen findest du, wie an einigen Stellen im Buch angesprochen, weiterführende Inspirationen und Meditationen. Sie sind ein Geschenk für dich.

DANKSAGUNG

Aus tiefem Herzen danke ich dem Leben, welches mir meine Seele gab. Meiner Mutter Tatjana, die mich auf die Erde geboren hat. Allen Ahninnen, die vor mir gewesen sind. Ihr habt auch für mich gelebt und seid gestorben, euren Geist trage ich in mir. Nicht ohne euch und nicht ohne mich. Allen Frauen*, deren Schwester ich bin. Zusammen sind wir stärker. Leona, meiner Tochter. Die Liebe zu dir ist die Flamme meiner Seele. Veit, meinem Mann. Du nährst meinen Eros und erweckst den Logos in mir. Ohne dich wäre ich nicht die, die ich bin, würde dieses Buch nicht geschrieben worden sein.

Leben ist heilig.

IMPRESSUM

© 2021 GRÄFE UND UNZER VERLAG GmbH,
Postfach 860366, 81630 München

EDITION

Gräfe und Unzer ist eine eingetragene Marke der GRÄFE UND UNZER
VERLAG GmbH, www.gu.de

ISBN 978-3-8338-8276-0

1. Auflage 2021

Projektleitung: Miriam Nüberlin
Lektorat: Silke Panten
Covergestaltung: FAVORITBUERO, München
Coverillustration: Marko Puclin
Herstellung: Markus Plötz
Satz und Innenlayout: Björn Fremgen, KONTRASTE
Reproduktion: Repro Ludwig, Zell am See
Druck und Bindung: Livonia, Riga

Umwelthinweis: Dieses Buch ist auf PEFC-zertifiziertem Papier gedruckt.
PEFC garantiert, dass Holz- und Papierprodukte aus nachhaltig
bewirtschafteten Wäldern stammen.

Die GU-Homepage finden Sie unter www.gu.de

www.facebook.com/gu.verlag